現代日本における自然葬の民族誌

金セッピョル 著

刀水書房

現代日本における自然葬の民族誌

目　次

iv 目次

序章　新しい死の受容装置 …………………………………… 3
第1節　研究目的 3
第2節　自然葬の位置付け 6
2−1　歴史的位置付け 6
2−2　共時的位置付け 10
第3節　先行研究の検討 14
第4節　研究視座と方法 18
第5節　調査概要 19
5−1　調査方法 19
5−2　「葬送の自由をすすめる会」概観 20
第6節　本書の構成 23

第1部　社会運動としての自然葬 ……………………………… 25

第1章　「葬送の自由をすすめる会」の理念 ………………… 26
第1節　「葬送の自由をすすめる会」の成り立ち 26
第2節　死後の自己決定権の追求 31
2−1　日本の葬送儀礼における死後の自己決定権 31
2−2　「墓地埋葬等に関する法律」改定の動きと「葬送の自由を　　　すすめる会」の対抗 33
2−3　葬送基本法運動 37
第3節　エコロジズムの思想 46
第4節　死後観としての自然回帰思想 48
第5節　小結 50

第2章　理念としての自然葬 …………………………………… 56
第1節　遺体処理 60

1-1　焼骨の粉末化　60
　　1-2　散骨　61
　第2節　社会関係　64
　　2-1　意思決定と契約　64
　　2-2　粉末化と散骨　65
　第3節　告別と追悼　66
　　3-1　散骨時の儀礼形式　66
　　3-2　散骨後の追悼　68
　第4節　小結　69

第2部　慣習とせめぎ合う自然葬 … 71

第3章　創出される自然葬の意味 … 72
　第1節　会員8人の語りからみる自然葬の意味　72
　　1-1　Iの語り　72
　　1-2　Kの語り　75
　　1-3　Aの語り　79
　　1-4　Bの語り　82
　　1-5　Mの語り　85
　　1-6　Uの語り　86
　　1-7　Oの語り　88
　　1-8　Hの語り　89
　第2節　小結　91

第4章　実践としての自然葬 … 94
　第1節　遺体処理　103
　　1-1　焼骨の粉末化　103
　　1-2　散骨　108
　第2節　社会関係　116

2-1　意思決定と契約　116
　　2-2　粉末化と散骨　129
　第3節　告別と追悼　132
　　3-1　散骨時の儀礼形式　132
　　3-2　散骨後の追悼　136
　第4節　小結　143

第3部　ダイナミズムのなかの自然葬　147

第5章　日本社会の変化と自然葬の意味再編　148
　第1節　自然葬の普及と「葬送の自由をすすめる会」の
　　　　　推進力低下　148
　　1-1　日本社会における散骨の広まり　148
　　1-2　「葬送の自由をすすめる会」の推進力低下　150
　第2節　市民運動路線の強調とそれによる葛藤　153
　　2-1　市民運動路線の強調　153
　　2-2　理念と現実の間の葛藤　155
　第3節　小結　159

第6章　会長交代と新たな問いかけ　161
　第1節　新体制の成立　161
　　1-1　新会長就任までの経緯　161
　　1-2　合理主義に立脚した改革　164
　第2節　ゼロ葬と自然葬の対立　167
　　2-1　ゼロ葬の提唱　167
　　2-2　旧理事たちの反発　168
　第3節　小結　170

終章　「送られる」と「送る」の間で……………………………171
　第1節　「市民」として死ぬこと　172
　第2節　構築される自然葬　174
　第3節　「送る」装置の再発見　175
　第4節　新しい死の受容装置としての自然葬の有効性　177

付録　図版一覧……………………………………………………179

　参考文献……………………………………………………………185
　索　引………………………………………………………………198
　あとがき……………………………………………………………201

［装丁　的井　圭］

現代日本における自然葬の民族誌

序章　新しい死の受容装置

「死を受け入れる」こととは何か。

ある人はこう答えた。「弟の死が実際に起きたと実感できること」だと。弟を亡くして20年近く経っているという彼は，未だにそれが夢のなかの出来事であるように感じるという。

生命活動の停止によってもたらされる物理的な変化，大切な人の永遠なる喪失，そしてその喪失によって喚起される私たち存在の虚しさとどう向き合ったらいいのであろうか。自らが死を経験できない故に，悶々とした思いはつきまとう。

葬送儀礼は，遺体の腐敗や死者の行方などに説明を与えることで，死を認識可能なものに変換させる文化的装置である。しかし近年，これまで行われてきた葬送儀礼では死を変換しきれない人々が増えている。弟の死が実際に起きたと実感できず，今も悶々とした気持ちを抱えている彼もそうであろう。

彼はそれから10年後「葬送の自由をすすめる会」に出会い，自然葬という新しい葬送儀礼を作り上げる活動に携わることになる。果たしてその営みは報われたのであろうか。本書は，新しい葬送儀礼を営むことで死を受け入れようとしてきた人々の，不断の試みを描くものである。

第1節　研究目的

本研究は，ＮＰＯ法人「葬送の自由をすすめる会」を中心に，日本の近代に成立した共同体と宗教を超えたところで葬送儀礼がいかに生成され，個人はどのように死と向き合っていくかを明らかにするものである。

本研究では，葬送儀礼を死を受容するための文化的装置と捉える。死は，誰もそれを経験することができず，不特定多数の想像によって概念化される

という点で集合的な表象であり，文化的な範疇で捉えられる。また，死はなんらかの形で解決を必要とし，葬送儀礼はその要請を果たす文化的装置である［内堀・山下 1986=2006：39-49］。

　その葬送儀礼が，近年，急激に変化しつつある。日本では，家族葬や無宗教葬を標榜する葬式が増える一方，墓のあり方も多様化している。江戸時代後期から広まった「先祖代々の墓」のように固定的な空間を設けるのではなく，拡張された空間概念をもって遺灰を撒く自然葬，墓石を立てず木や草花を印とする樹木葬が登場した。また，「家」単位で埋葬され「家」による継承が求められるのではなく，合葬墓，永代供養墓のように同じ意志をもった人，あるいは不特定多数の人と一緒に埋葬され，維持される葬法も登場している。このような多様な試みは，死の表象が揺れ動いており，死を受容する装置としての葬送儀礼の再編が促されていることを意味する。

　上記のような変化の背景には，家族制度の変化と人口移動があることが，実証的な研究を通して明らかにされてきた。葬送儀礼を社会構造との関係で捉えるこれらの研究は，新しい葬送儀礼を把握する上で基礎的なデータと見方を提示している。ただ，このような視座では，葬送儀礼が社会変化の延長上に位置付けられるため，新しい葬送儀礼が死を受容するための装置としていかに生成し，作動していくかを明らかにするには限界がある。

　それに比べて文化人類学の葬送儀礼研究は，当該社会において，死を受容する装置としての葬送儀礼の位相を解明しようとしてきた。葬送儀礼は，社会構造や文化的価値を映し出すものとして捉えられ，ある共同体に内在する死の観念を描き出すことが目指された。しかし，個人化が進んでいる現代日本では，葬送儀礼は所与のものではなくなり，死の観念も一様ではなくなっている。もはや葬送儀礼は，共同体に存在する型に沿って行われるのではなく，人々がもっている，多様で，移ろいやすい観念によって，構築されている。1990年以降，自然葬，樹木葬，合葬墓などが提唱されたのは，既存の血縁，地縁共同体中心の葬送儀礼から意味を見出せなくなった人々が，新しい死の受容装置を構築しようとする試みとして理解することができる。

　さらに，文化人類学における葬送儀礼研究は，共同体にとっての葬送儀礼

の意味を探ってきた点で，死者—死にゆく者より，生者—残された者にとっての装置としての側面を重視してきたと言える。ただ，これに関しては，村上興匡も指摘しているように，葬送儀礼が死にゆく当事者の固有のものとして認識されるようになっている現在［村上興匡 2003：362］，適合しなくなりつつあると考えられる。つまり，現代日本社会における葬送儀礼は，生者が主体となって死者を「送る」装置から，死者が主体となって「送られる」装置としての側面が強化されているということである。

　本研究は，このような状況を踏まえ，死にゆく当事者たちを中心に据える。そして彼らがいかにして自然葬という新しい葬送儀礼を構築し，そのなかで新たな「送られ方（＝死に方）」を模索していくかを民族誌的に検討するものである。

　その際，新しい葬送儀礼が動態的な社会運動として現れている点は，注目すべきである。特にＮＰＯ法人「葬送の自由をすすめる会」（以下，「すすめる会」）は，既存の葬送儀礼のあり方に正面から異議を唱え，死にゆく者の「死後の自己決定権」を中心とした葬送儀礼を提唱した。設立者である安田睦彦の著作，『お墓がないと死ねませんか』［安田 1992］というタイトルから端的にうかがえるように，「すすめる会」は，死にゆく者の意思に関係なく，「墓に入る・入れる」ことが常識になっている現状に疑問を呈してきた。

　特に「墓地，埋葬等に関する法律」（以下，「墓埋法」）は，「墓に入る・入れる」葬送儀礼だけを前提にしたものとされ，2008年からは個人の自由を主軸とする「葬送基本法」制定運動が展開されている。また，「すすめる会」が普及・実施する自然葬は，法律の「対象外」という解釈のもとで行われている[1]。これは，維持継承は必要としないにしろ，「墓埋法」で認められた「墓地」のなかに焼骨を埋葬し，法律の枠内で行われる合葬墓・樹木葬とは一線を画すものである。「すすめる会」は，自然葬を「墓に入る・入れる」常識に疑問を投げかける手段として位置付け，一種の社会運動としてその普及と実施事業を展開してきた。現在「すすめる会」は，日本における葬送儀礼の変化を言及する際に欠かせない存在であり，「自然葬」，「散骨」，「海洋自然葬」，「海洋散骨」など様々な名称で行われる葬儀業者の散骨にも影響を

与えている。

　本研究では，自然葬を，粉末化した焼骨を，「墓地，埋葬等に関する法律」において墓地として認められていない区域に散布する葬法と，それに付随する儀礼の諸相と定義する。会の自然葬の定義は，「墓でなく海や山などに遺体や遺灰を還すことにより，自然の大きな循環の中に回帰していこうとする葬送の方法。従来の日本で行われていた墓石を用いる葬法とは違い，遺骨を直接自然へ返したり，墓標として人工物を用いないものを指す」〔葬送の自由をすすめる会 2005：40〕ものであり，葬法としては散骨であることと，自然回帰思想，自然環境への配慮があることの三つが自然葬の条件となっている。そのなかでも自然回帰思想や自然環境への配慮は「すすめる会」を規定するものであり，ビジネス団体の散骨と自らを区別する手段となってきた。本研究ではこのような会の文脈を尊重し，自然葬という言葉を「すすめる会」固有のものとして使う。ただし，「散骨」，「海洋自然葬」，「海洋散骨」など様々な名で呼ばれるビジネス団体の散骨と自然葬は，粉末化した焼骨を撒くという葬法の面を共有し，互いに影響しあっている認識を前提とする。

　本書では，「すすめる会」が自然葬の実施団体である以前に，これまでの葬送儀礼の体制に対する問いを最も先鋭的な形で投げかけた団体と位置付け，共同体と宗教を超えたところで，自然葬という葬送儀礼がどのように作り上げられているか，そのなかで人々がどのように自然葬に関与しながら死の意味を築き上げていくかを民族誌的に記述する。

第2節　自然葬の位置付け

2−1　歴史的位置付け

　まず，墓を中心とした葬送儀礼の成立と変遷を述べ，自然葬を議論する際の土台にしたい。

　仏教の伝来以来，死者の供養のために卒塔婆，石塔を立てる慣習が広がり，中世後期には百姓の間でも板碑，一石五輪塔，石仏，舟形五輪塔などを立てるようになった。これは，庶民の間で直系家族を中核として永続性をもつ

「家」と，家族親族が定住する村落が次第に形成され，子孫に供養してもらうという感覚が登場したことを背景とする［坂田 1997：68-78］。また，寺院の生存戦略のもと，極貧の者をのぞいてすべての人たちが仏教葬祭を行うようになり，庶民の中に年忌供養が浸透するなど，寺院との結びつきが強化した［圭室 1979：90-92］。

このような基盤のもと，近世には寺檀関係が成立した。寺檀関係は，特定の仏教寺院と人々の間の葬儀や死者供養などを媒介とする持続的な関係で，17 世紀を中心に展開したキリシタン禁圧を名目とする近世の寺請制度，宗門改制度の強化の過程で確立した［福田 2005］。幕府は，家単位で，当主を筆頭にその家族員と奉公人・下人の名前・年令を記し，各人ごとに宗旨と檀那寺を明記した。キリシタンなどの禁制宗門の信徒でないことの証明として檀那寺に捺印させたのである［大藤 2005］。こうして，すでに死者の救済を担当するようになっていた仏教寺院は生殺与奪の権を握り，さらには戸籍管理の権限まで担当するようになった。この過程で，仏教式の死者供養が幅広く浸透した。

また 18 世紀中頃には，地域差はあるが石塔が死者の依り代としてみなされるようになった。新谷によると，それまで大多数を占めていた，菩提のための石塔がほとんど姿を消し，それにかわって死者の霊位としての石塔と刻まれたものが増えるようになった。菩提が死者の極楽往生のための石塔造立であるのに対し，霊位というのは死者の霊魂の依り代としての石塔の造立であることを示す［新谷 1991：157-158］。こうして石塔を死者の依り代としてみなし，それに参る習慣が形成されていった。

ただし，この時期は遺体・遺骨を埋葬した地点と墓石を建立した地点の関係は様々であり，単墓制以外にも両墓制，無墓制，総墓制を営んでいる地域があった。また，遺体・遺骨も現在のように半永久的に保存されるとは限らなかった。

新谷尚紀は，死体埋葬地点に施された一連の墓上装置の集合と，それに対応した死者供養のために建てられた仏教式石塔の集合がまったく離れて，墓域が死体埋葬区域と石塔建立区画との両区画に二分されているか，死体埋葬

の墓地と石塔建立の墓地が完全に隔離している場合を両墓制と定義した［新谷 1991：43］。また，両墓制における死体埋葬地点の墓上施設は，その形に多様性はあるものの，構成要素としてはヤネ（屋根）とカキ（垣）で構成されているとした。これらは死者が埋葬されたのち，この世の存在からあの世の存在へと転換していくまでの不安定な状態にある一定の期間，人々が必要とした死者の忌み籠りのための装置であり，古くなると取り払われたという。この場合，残るのは墓石（石塔）だけである［新谷 1991：201-214］。

　無墓制は，ここでは蒲池の意見に従い，火葬して，石塔を作らず，遺骨を放置する方法と定義する。浄土真宗地域に多い無墓制は，遺骨の一部を本山に納骨するが，その他は火葬場に放置されるため，遺骨埋葬空間を占有したり，墓石を立てることはない［蒲池 1993：213-214］。

　総墓制は，火葬した焼骨を墳墓あるいは納骨堂に埋葬する時，個人や家族を単位として区分しない墓制であり，同族や一村の成員，あるいは寺院ごとに墓を設けることがある。［森 2014：99-114］。この場合，遺骨は保存され墓石が立てられることもあるが，遺骨埋葬地点と墓石建立地点が一対一で対応してはいないことになる。

　これに対して明治時代になると，墓は遺体・遺骨を埋めて墓石を建てるものと定義され，遺体遺骨埋葬地点と石塔建立地点の一致が目指されるようになる。このような定義が明確になったのは，1874 年 4 月 20 日内務省地理局発議「墓地処分内規則」の第一条，「死人ヲ埋メ木石等ヲ以テ其地ニ標識スル者之ヲ墳墓ト称ス」を通してである。墓の定義と並行して，墓地のあり方も定まっていった。墓地は，1874 年 4 月 20 日内務省地理局発議「墓地処分内規則」の第二条において「墳墓陳列一区画ヲ為シ許可ヲ受ケ又ハ帳場ニ記載スル者之ヲ墓地又ハ埋葬地ト称ス」と規定され，単なる埋葬地ではなく，墳墓の建立が前提とされた［森 2014：133-134］。

　また，墓は改葬せず永久に保存すべきものとされた。1874 年 6 月 20 日の太政官より東京府へ出された通達（新設墓地を定めた「墓地取締規則」の前書き）には，「墳墓ノ義ハ清浄ノ地ニ設ケ永久保存スヘキモノニ府下従前墳墓市街ニ望ミ往々街区路線ノ改正ニヨリ発柩改葬等有之人情ノ忍サル次第ニ付…

…。」とされている。1872年に出された，耕地畔ぎわに遺骸を埋葬することを禁止した大蔵省達第118号にも，常に掘り返される可能性がある場所に墓を作ることを望ましくないとする考え方が反映されている。その他にも改葬は適切ではないという方針は度々出されていた［森 2014：136-137］。

　森謙二は，明治政府の墓地観は，民衆レベルの祖先信仰によるものではなく，国家神道形成の流れの中，陵墓を祖先祭祀の対象として位置づけることで必然的に形成されたとする。幕末から明治にかけては，国学思想のもとで神武天皇陵をはじめとする天皇陵が治定・修復され，皇室祭祀が整っていった。天皇陵も墓なので穢れがあるという従来の認識を覆し，神式で祭祀を行い，聖なる場として崇敬する必要があるという認識が登場したのである［森 2014：146］。維新直後，明治元（1868）年に朝廷では「山稜御穢の審議」が行われた。幕末の修陵を学問的な面で主導した考証家の谷森善臣は，陵墓は神社に等しい清浄な場であると主張した。この際，祭祀の対象になる陵は，天皇の遺体が埋められたと想定される場所であったのである［上田 2010：148］。その後，天皇陵祭祀が整備されていき，遺体・墳墓・墓地を一体化し，祖先祭祀の場とみなす明治政府の墓地観が成立したのではないかと思われる。

　一方，明治民法は「家」の継承を求め，家族の連続性を確保することに努める。明治民法の起草者である穂積陳重は，家制度は，婚姻・養子・相続制度を含め，祖先祭祀を継続するための法的装置であり，家族の連続性を維持するのは，祖先祭祀を継承しなければならないからであるとした。これに該当する条項が墳墓を家督相続の特権として位置づけた明治民法第987条の「系譜，祭具及ヒ墳墓ノ所有権ヲ承継スルハ家督相続ノ特権ニ属ス」である。さらに，明治民法は養子条項を通して「家」と祖先祭祀を継続させるために非血縁者の養子を認めた。祖先祭祀は血縁集団の祭祀を超えて，イデオロギーとして構築されたと言える。非血縁者を養子と認め「家」を継がせることができたのは，日本は本来同祖国の伝説を有し，皇室を総本家とする一大家族であるとする家族国家観が背景にあった［森 2014：160］。

　以上のような経緯，つまり江戸時代後期に寺檀制度が成立し，仏教式の供養が浸透したこと，「家」意識の広まりと相まって墓石が死者の依り代とな

っていったこと，また明治時代に祖先祭祀の場として遺体埋葬地点と墓石建立地点が一致させられたこと，そして「家」がそれを継承し，持続的な祭祀を行うようになったことから，現在の墓を中心とした葬送儀礼が形成したと考えられる。

村上興匡によると，このように成立した従来の葬送儀礼は，戦後は個人化の道をたどってきた。戦前まで葬送儀礼は村落共同体の行事として行われ，中心的な行為は野辺送りで，実働主体は葬式組，葬法は土葬であった。それが戦後になると就業形態が農業など自営的なものから出勤する形態へと変わり，つきあいが浅く広くなるなかで野辺送りから告別式となり，実働主体は葬儀業者になった。また，都市的な衛生習慣や土地有効利用の考え方の普及で，葬法は土葬から火葬に変わっていく。葬儀の習慣が変わると同時に，葬儀を行う意味づけも喪家の行事となった［村上興匡 2003：345-346］。戦後の墓についてみると，民法改正で家制度が廃止されたのにもかかわらず，系譜，祭具，墳墓を家督相続に規定した祭祀条項と養子条項は残され，墓は「家」の存在を前提として存続され続けた［森 2014：190-191］。しかし，この時期は，「私」の死後の住処として，子ども［＝子孫］と一緒に入るところとしての「先祖代々の墓」が建立され［森 2000：4］，個人化の傾向がみられる。

さらに村上興匡は「家」意識が弱まると，葬儀は故人と関係をもつ遺族の行事となり，1990年以降は葬られる当事者の行事になりつつあるという［村上興匡 2003：345］。このような1990年代以降の変化に関しては，第3節で述べるように，少子高齢化や人口移動による家族構造および家族理念の変化がその主な背景にあるとされてきた［井上治代 3003；槙村 1996］。しかし自然葬の登場に関しては，このような構造的背景を共有しながらも，社会運動として現れたことを説明するには不十分であるという認識から，本研究での議論をすすめる。

2−2　共時的位置付け

ここでは，自然葬と同時期に登場した葬送儀礼を概観し，自然葬の特徴を明確にさせる。

1985年の比叡山延暦寺大霊園の「久遠墓」建立を筆頭に，1989年には東京・巣鴨に「もやいの碑」（「もやいの会」），新潟・巻町に「安穏廟」（「安穏会」），京都・嵯峨野の常寂光寺に「志縁廟」（「女の碑の会」）が落成していった。1999年には岩手県の知勝院が初めて樹木葬を実施し，大きな反響を呼んだ。また1990年に結成された「21世紀の結縁と墓を考える会」［井上治代 2003：225-227］は，「安穏廟」と知勝院と連携して継承者を必要としない墓を社会にアピールする活動を行ってきたが，2000年にＮＰＯ法人「エンディングセンター」に名を改め，東京・町田，大阪・高槻で「桜葬」を実施している。これらの団体は，「単に墓を提供するだけではなく，家族の変化，生き方の多様化に対応した新たな形態の墓を社会に普及し認知させる一種の市民運動」であり，「合同慰霊祭や文化講座，旅行など生前の活動を通じて，家族・血縁を超えた新たな相互扶助の形態をつくりあげる」活動を展開してきた［井上治代 2003：227］。

　このなかでももっとも先駆的な役割を果たしてきた「もやいの会」の合葬墓，岩手・一関の「知勝院」の樹木葬，「エンディングセンター」の特徴を整理しておきたい。

　「もやいの会」は，1990年に発足し，東京都練馬区巣鴨にある「もやいの碑」という合祀墓をつくり，会組織として永代供養を行っている。理念としては，血縁中心から夫婦や個人，地域社会といった多様な形の縁を見据え，生前からのコミュニティづくりをめざしている。2005年の時点で会員は約3000人，すでに納骨されている死者は1200人程度である［中筋 2006：207-208］。

　「もやいの会」は，りすシステム（Living Support Service System）や「飛天の塚」を設けるなど，実質的な体制を備えている。りすシステムは，縁者がいない故人の遺骨の引き取りや納骨を行うだけでなく，日常生活のサポートや入院の保証人などにも対応している。「すすめる会」でも稀ではあるが，りすシステム契約者の自然葬を実施することがあった。「飛天の塚」は，「もやいの碑」に入る予定の会員が「先祖代々の墓」を管理していた場合，それを改葬して収められる合祀墓である。希望によっては合祀墓の横に「〜家先

祖代々の墓」という墓誌の銘板を刻み，戒名の記名も行っている。これは，「すっきり個人の生死に割り切れない家族や先祖を捨てきれない思いがそこにまだある」人のためのシステムだという［中筋 2006：208-210］。

　また，一緒に墓に入る者という意識のもとで，月一回の例会，年一回の合同慰霊祭で会員の交流を図る一方，会報の構成も，会員同士の考えの共有が重視される。中筋は「もやいの会」の関係性の特徴を，会員相互の関心と配慮による親密さを挙げ，その親密さは友達同士のものとは別の，死後を任せたり引き受けたりする共同性の感覚に近いことを指摘した。またここで結ばれる縁は，血縁のように負担や束縛を与えるものではない［中筋 2006：210-218］。

　岩手・一関の「知勝院」（元・祥雲寺）は，1999年にはじめて樹木葬を提唱した。樹木葬とは，雑木林がそのまま墓地となる形態で，墓地として許可された里山に遺骨を直接に土に埋め，花木を植える形で行われている［井上治代 2003：243］。

　樹木葬では，「里山保全」と「地域活性化」を主な目的として掲げている。2011年8月に行った，元住職の千坂嵃峰さんへのインタビューによると，樹木葬は，墓石の代わりに花木を植えて里山を育てることによって地元の里山の生態環境を再生させ，保存していこうとする試みであるという。それには死者が自然に循環していくという考え方が根底にあるという。里山の環境を再生させ，死んだらそこに帰るということである。

　彼は最初，遺跡保存活動をする「北川流域の歴史と文化を考える会」に属していた。地域活性化を願っていた彼は，地元の良さを認知し広めようとする活動の一環として，樹木葬を始めた。樹木葬を実施することによって都会からの訪問客を増やし地域に貢献すると同時に，一関市の多様性に満ちた生態環境を知らせ，保存しようとする意図があったという。

　Boretは，樹木葬の大きな特徴として，生態主義的な永続性（ecological immortality）を挙げる。生態主義的な永続性とは，土に埋めた遺骨が墓石の代わりに植えた木や花，動物などに生まれ変わるという死後観である。しかし生まれ変わるものは，死者の魂ではなく，遺骨に含まれた「栄養」である

という近代科学的な発想が見られるという［Boret 2014：212］。

　このように生態主義を前面に掲げる「知勝院」では，里山保全につながるような様々な活動が行われており，里山を介した「知勝院」－利用者同士，また利用者－利用者同士の関係が見られるという［Boret 2014：131］。その他，年一回，宗教・宗派を問わない合同慰霊祭が行われる。

　「エンディングセンター」は，1990年に結成された「21世紀の結縁と葬送を考える会」を前身とする団体である。「21世紀の結縁と葬送を考える会」は，新潟県の継承者を必要としない「安穏廟」や，岩手県の知勝院（元・祥雲寺）と連携して，相談や広報活動，宗教を超えた市民慰霊祭などを行う一方，身寄りのない人たちにエンディングサポートを提供してきた［井上治代 2003：258-259］。2000年に発展解消してＮＰＯ法人「エンディングセンター」となり，東京都町田市と大阪府高槻市に「桜葬」ができる空間を設けている。

　東京での「桜葬」は，町田いずみ浄苑フォレストパークで行われている。一関の知勝院の樹木葬は一人あたり１本の木を植えているが，「桜葬」ではコンセプト別に分かれた大きな区画があり，その区画別に木や花が植えられる。大きな区画のなかに遺骨が埋められていくことになるが，大きな区画はさらに遺骨が一から数体まで入るような小区画に分かれている。希望者はその区画を購入し，埋葬されることになる。家族で入れるような区画もあれば，夫婦，個人で入る区画もある。2012年９月に開かれた「桜葬」説明会で，エンディングセンターの代表でもある井上治代は，知勝院の樹木葬が一戸建てであれば，「桜葬」は集団住宅であると比喩した。

　「エンディングセンター」も「もやいの会」と同様，一緒に墓に入る人同士の共同性を重視する。「桜葬メモリアル」という合同慰霊祭，語り合いの会以外にも，「墓友」つくりという理念のもとで，趣味の共有などが行われる。町田いずみ浄苑フォレストパークには，このように生前から一緒に活動をし，交流を深めてきた会員同士が入れる，会員専用墓地がある。

　以上で紹介した合葬墓，「桜葬」，樹木葬は，従来の葬送儀礼で提示されていた死に方ではなく，地縁・血縁に変わる新たな共同性（「もやいの会」と「エンディングセンター」），あるいは生態主義的な永続性という新しい死後観を

(「知勝院」)を提示し，人々に死を受け入れさせているように考えられる。それに対して「すすめる会」は，後述するように共同性を求める傾向がほとんど見られず，また「知勝院」の樹木葬ほど自然−生態系に具体的な関心を示してもいない。本研究では，「すすめる会」が，自然葬を実施する人々にどのような死に方を提示しているかを探っていく。

第 3 節 先行研究の検討

日本における葬送儀礼の変化は，文化人類学より社会学と民俗学の祖先祭祀研究で主に扱われてきた。井上治代は，戦後における直系制家族の法的廃止と産業化・人口移動，高度経済成長がもたらした社会変動によって，夫婦制家族理念が定着し，1990 年代以降にはさらに個人化が進行したことを，「脱家過程」として説明する［井上治代 2003：27］。「脱家過程」のなかで墓システムは，父系単系による継承制をとり，永代使用で，墓石を建立し，家名を刻むといった特徴をもつ「家的墓祭祀」から，双方化，脱継承を特徴とする「脱家的墓祭祀」に変容した［井上治代 2003：268-270］。また槇村は，井上治代に比べると都市化に重点をおき，家族構造の変化と都市化による人口移動が議論の軸になっている。江戸時代から明治時代初め頃に地縁・血縁の中で成立し維持されてきた村落共同体的墓地が，都市化の中で社会構造と適合しなくなり，「公園墓地」などの新しい形態の墓地が出現した。しかし，いずれも家制度と土葬を基本としていて，墓の流動化，無縁化，個人化という都市化の傾向との矛盾をもたらした。それに対応して有期限化，異質化，無形化を特徴とする「都市型共同墓所」が現れたとされる［槇村 1996：214-216］。

これらの研究は，新しい葬送儀礼を捉える上で基礎的なデータと見方を提供しているが，社会変化の結果として葬送儀礼にアプローチしているため，自然葬についても，現代的な祖先祭祀の特徴を反映する一形態として言及するに止まっている。井上治代は，「すすめる会」の自然葬について「人間も自然の一部であるとして，自然に還りたいという願望」，「近年の地価高騰に従い上昇する一途の墓価や寺・霊園主導の墓のあり方に対する根強い不信

感」，「増え続ける墓地が環境破壊を促進していることへの警鐘」などの要因が作用していると補足しながらも［井上治代 2003：241-243］，基本的には自然葬を「継承不要」，「脱墓石化」，「自然志向」の特徴をもつ「脱家的墓祭祀」として位置付けている［井上治代 2003：268-270］。また，槙村は，自然葬も「都市型共同墓所」の一種である「無形化墓地」として捉えた［槙村 1996：243］。

　そこで森が，新しい葬送儀礼の出現について，「祖先祭祀」から「葬送の自由」へとパラダイムの変化が起きたことを指摘したことは示唆に富む［森 2000：202］。明治民法の家族国家観を基盤とする「イデオロギーとしての祖先祭祀」から，死後の自己決定権を中心とする「葬送の自由」に意識が転換していったということである［森 2000：218-219］。ただ，このような議論は，行政や葬儀の現状など，現実批判のための材料としての性格があり，自然葬をはじめとする新しい葬送儀礼の具体的な調査・分析までには至っていないように考えられる。

　それに対して，文化人類学の葬送儀礼研究は，当該社会において死がいかにして受容されるかを究明しようとしてきた。まず古典的な研究として，エルツの議論が挙げられる。エルツは，東南アジアのボルネオのダヤク諸族の二次葬を時間的な連続性のなかで捉え，葬送儀礼を肉体的な死，あいだの期間，最終の儀式の三段階に分けた。そして，遺体，魂，残された生者という三つの相がその三段階に対応して変化する様相を明らかにした［エルツ 1907=2001］。このように時間的な連続性のなかで二次葬を捉えたエルツの議論は，後にジュネップに受け継がれ，通過儀礼という儀礼過程の構造分析に繋がった［ジュネップ 1909=1999］。エルツとジュネップの研究は，ある共同体が，死を契機に成員を失った場合，それを物理的，精神的，儀礼的にいかに受容していくかを究明しようとしたものとして受け取ることができる。

　ただ，その以降，顕著な理論的な枠組みの発展は見られず，これらの研究の根底にある前提，つまり，葬送儀礼を，社会構造や文化的価値を映し出すものとする考え方の下，数々の民族誌が蓄積されていった。日本においても，葬送儀礼から社会構造や文化の一側面を抽出しようとする研究［陳 1996；待井 2000；川又 2000；鏡味　2005］，葬送儀礼を通して儀礼論に寄与するか宗教

現象の理解に寄与する研究［本田 1993；上杉 1994；須藤 2003］が行われてきた。

　それに対して近年，社会文化的側面を反映する所与のものとして葬送儀礼を捉えるのではなく，葬送儀礼を人々の実践によって構築されるものとする視座の研究が現れている。それらは，葬送儀礼の担い手である共同体の変容が目立つ，都市社会を対象としているものが多い。すでに言及したように，Boret が，日本の樹木葬の登場と生成に関して研究した他［Boret 2014］，イギリスでも家族のあり方や生態主義的な生への憧れから Natural Burial という新しい葬送儀礼が登場したことが注目され，それがどのように形成されていくかに関する研究が増えている［Clayden et al. 2014；Hockey et al. 2007a, b；Prendergast et al. 2006；Gittings et al. 2010］。また，世界的に一つの流れを形成しつつある葬祭業研究も，共同体の変容により，儀礼主体が葬儀業者に移行している現状に注目し，葬送儀礼がいかに構築されていくかを究明しようとするものとして捉えることができる［山田 1995, 1996, 1999, 2001, 2007；田中 2004a, b, 2005, 2007, 2008, 2014；Suzuki 2002，パク 2002, 2003，ハン・パク 1998；ソン 2004b］。

　このように，文化人類学の葬送儀礼研究においても，葬送儀礼は，共同体に所与のものとして存在するのではなく，人々がもっている，多様な観念によって構築されていくという見方が浮上している。本研究も，このような視座を共有するものである。ただ，本研究では，現代日本社会の特徴，つまり葬送儀礼が死にゆく当事者の固有のものとして認識されるようになっている現状［村上興匡 2003：362］を踏まえ，残された生者ではなく，死にゆく当事者を中心に据える。これは，言い換えると，生者が主体となって死者を「送る」装置としてより，死者が主体となって「送られる」装置としての側面に注目するということである。

　現代日本社会の葬送儀礼において，死者は霊魂，あるいは「死者の肉体を超えて表象される死者の人格」［山田 2007：5］として存在するだけでなく，意志（生前），あるいは遺志（死後）として，葬送儀礼の実行に影響を及ぼし続ける。新しい葬送儀礼を選択する理由として最もよく語られる，「墓を買っても子供がいない」「子の世話になりたくない」といった意見の根底には，

血縁共同体の変化があることは事実であるが，それは残された者より，死にゆく者自らによって語られる。また，死後に葬送儀礼が実施される際にも，「故人は生前からこうしたいと言っていた」といった意見を遺族から聞くことが多く，死者の遺志を実現することが，遺族にとっても死を納得させる役割をしていることがうかがえる。このような現代日本の葬送儀礼の特質を捉えるためには，死にゆく者がどのような送られ方＝死に方を求めているかを明らかにする必要がある。

　「すすめる会」は，「死後の自己決定権」を主な理念としているため，「すすめる会」の自然葬を主要な対象として扱っている研究は，死にゆく者を中心に据えた視座を内在していた。Rowe は，仏教の変化を捉えようとする研究関心から「すすめる会」に注目し，「すすめる会」の活動は，単なる合理化や世俗化を求める運動ではなく，人々が寺との関係を再編していこうとする試みであるとした［Rowe 2003］。また，会員と会，家族・親族との関係や自然葬の意味に目を向けた中筋は，自然葬を，身内との関係から独立した個人として，エコロジカルに抽象化された理念，あるいは役に立つという公共的な価値を実現しようとする試みであると分析した［中筋 2006］。

　また，Kawano は，高齢者が自然葬という新しい葬送儀礼を選択することは，葬送儀礼における従来の世帯間の関係を書き換え，少子高齢化による家族構造の変化に対応する戦略であると主張する。明治時代から昭和中葉までの葬送儀礼は，家の永続性を前提として墓の維持継承を求めるものであったため，死にゆく世代（高齢者）が残された世代に依存するシステムになっていた。しかし自然葬は，残された世代の維持継承を必要としない一回性の儀礼であり，高齢者の自立性（self-sufficiency）の強化を図るものであるという。これは，高齢化する日本社会において，年金，介護問題で次世代に負担をかける存在として認識されがちな高齢者が，死の場面において自立性を取り戻そうとする，一つの戦略である［Kawano 2010：167-169］。

　このように，Rowe，中筋，Kawano の研究は，死にゆく当事者の視点を取り入れているということで現状分析に有効ではあるが，どれも自然葬における「観念」を解明することに注目しているという共通点がある。内堀・山

下は，ある宗教を観念（イデオロギー）と実践（儀礼）に分けて考えることができるとすれば，そのどちらに強調点がおかれるかによって，観念主義的な葬送儀礼と儀礼主義的な葬送儀礼に分けることができるとした［内堀 1986=2006：313-314］。確かに自然葬は，墓の購入継承問題より「死後の自己決定権」という理念を重視するという点で，観念主義に近いところがある。しかし，そうだとしても，具体的にどのような儀礼が生成されているか解明される必要があるのであろう。つまり，寺との関係を再編していく試み［Rowe 2003］，エコロジカルに抽象化された理念と役に立つという公共的な価値を実現しようとする試み［中筋 2006］，自立性を確保しようとする試み［Kawano 2010］が，どのような儀礼に結びついていくかを追求する必要である。しかし，上記の研究では，所与のものとして散骨時の儀礼形態が描かれるだけである。

そこで本研究では，「すすめる会」の理念がどのような自然葬の儀礼形態を生み出しているかを検討する。さらに，観念は決して一様ではなく，それ自体が揺れ動いているという現状を踏まえ，個々人が行う自然葬そのものが多様である可能性を排除しない。特に自然葬はまさに生成中のものであり，決して一様に，インフォーマルな追悼行為を伴う，遺灰を撒く葬法［Kawano 2004］とまとめられないところがある。自然葬の儀礼形態の多様性の根底にあるものを探ることは，観念がいかに変化しているかを明らかにする手がかりになると考えられる。

第4節　研究視座と方法

以上の検討を踏まえて，本研究では，祖先祭祀の変容に関する研究では十分に説明されてこなかった，死を受容する装置としての自然葬の意義について考察する。

本研究では，多くの社会で既存の共同体や宗教が変容し，一般化された葬送儀礼の型が見られなくなっている現在，葬送儀礼は，人々の意味づけや作為によって生成，再編されるものであるとする。また，ここで言う人々は主

に死にゆく者を指しており，儀礼主体が死にゆく者になろうとする現状を考慮に入れる。

　このような研究視座から，死にゆく当事者たちが新しい葬送儀礼を動態的な社会運動として作り上げていることに注目する。「すすめる会」の自然葬が社会運動として形成されていく過程を追うことにあたっては，会報分析と，「すすめる会」の運動への参与観察で得られたデータをもとに，どのような理念が形成されているかを検討する（第1部第1章）。また，ライフヒストリー調査を通して，会員たちがどのような意味づけから参入し，それが「すすめる会」のイデオロギーにどのように繋がっていくかを問う（第2部第3章）。

　また，観念の部分だけでなく，どのような儀礼が生成されているかを総合的に明らかにするために，葬送儀礼が単なる遺体の処理ではないということを実証した，エルツの三つの相を参照して儀礼を記述する。つまり，自然葬における遺体，霊魂（死者の人格），残された生者の三つの側面を検討することにする。ただ，霊魂（死者の人格）のあり方に関しては，自然葬の場合，死後の世界に関する語りが少ないという特徴があるため，どのような告別・追悼行為が望まれるか，あるいは行われているかから推察することにする。一方，残された生者に関しては，生者が自然葬にいかに関わるのかという問題だけでなく，死者の意思（遺志）も考慮に入れるために，自然葬における社会関係を幅広く検討する。

　さらに，こうした儀礼の形態を検討する際，その多様性を捉えるため，「すすめる会」の言説空間においてどのような自然葬が生成されているかと（第1部第2章），それを会員たちがどのように実行しているか（第2部第4章）を区別して検討する。

第5節　調査概要

5−1　調査方法

　筆者は2011年7月から2012年2月，2012年6月から2013年12月まで，東京の事務所を中心に約1年間の現地調査を行った。週3回以上ボランティ

アとして事務所に通い，電話対応や細かい事務作業を手伝いながら，「すすめる会」の中心メンバーたちがもっている理念や自然葬への態度などを把握した。2012年には理事2人，事務所ボランティア1人とともにホームページ改変作業に参加し，どのような理念を社会に発信しようとするかを参与観察した。

また関東地方で行われる特別合同自然葬と，許可を得られた場合は個人葬において参与観察を行い，儀礼実践の諸相を把握した。その他，事務所，あるいは自然葬の現場で出会ったボランティアや一般会員を対象に自然葬の意味づけに関するインタビュー調査や，追悼儀礼に関する調査を行った。

東京調査以外の期間でも関西支部で世話人をつとめ，会員交流会の開催の手伝いや自然葬の立会いなどの参与観察を行い，「すすめる会」の動態を把握した。

5-2 「葬送の自由をすすめる会」概観

2-1 会員数

2013年の時点で，これまで入会したことのある全体会員数は16984人であり，東京都，埼玉県，千葉県，神奈川県などの首都圏に半数以上の会員が居住している。その他，全国12支部があり，都市地域を中心とした分布を見せる。性別は，女性が62.5％，男性が37.5％，年齢は，2013年全体会員数の中で1920〜1949年生まれの人が80％以上となっている。

2-2 組織と業務

2013年現在で「すすめる会」の組織は，会長，顧問，理事会，事務局長，事務職員，ボランティアで構成されていた。会長は，22年間，設立者である安田睦彦がつとめたが，2013年に宗教学者の島田裕巳に交代された。顧問は，宗教学者で元国際日本文化研究センター所長の山折哲雄，元学習院大学教授の故・中村生雄など，社会的に影響力のある人物から成り，思想的指導者の役割を果たしている。理事は20人前後で，会の運営や運動の方向性に関することを月一の理事会で議決する実質的な権限をもっている。理事に

は元朝日新聞記者5人が含まれ，積極的に活動していた。

　日常業務を担当するのは，事務局長と事務職員，ボランティアたちであった。事務職員は4人で，すべて女性である。事務局長と事務職員たちは朝10頃から夕方5時頃まで週5日勤務し，日常業務を行う。最も大きい仕事は電話対応であり，ほぼ一日中，自然葬の相談に追われる。そのほか会員管理や会費の入金，自然葬実施業務などを担当する。

　ボランティアは，事務所の業務を手伝うボランティア，自然葬の立会いボランティア，地方支部のボランティアで構成される。2012年と2013年には事務所に出入りしていたボランティアは4人であり，週1～2回勤務していた。自然葬の立会いボランティアは事務所に立ち寄ることはほとんどなく，事務所の依頼を受け，自然葬の実施現場で立ち会うことになる。また，地方支部では支部長，会計，連絡係や，「世話人」と呼ばれる人たちがボランティア扱いをされる。本部との連携のもとでシンポジウム，会員交流会などのイベントを開催したり，管轄地域で自然葬がある場合には立会いもする。

　1年単位で会の業務を見ると，特別合同葬と年4回の会報発送，6月にある会員総会が大きな年間業務となっている。特別合同葬は関東地域では季節ごとに1～数回行われ，そのほか東北と北海道支部管轄の海でも行われる。事務所の年間スケジュールに最も早く書かれるのは，この特別合同葬の日程である。

　また，会報は内容構成や編集，発送まで会内部で行っていた。理事の一人が編集長をつとめ，会報を構成し，編集と印刷は「すすめる会」の友好団体である「木霊と凪」が行っていた。会報にはカンパをしてくれた会員や自然葬を実施した会員の名簿が載るので，編集長以外の事務職員たちも忙しくなる。また会報の発送は，封筒詰めや住所貼りなどを事務職員とボランティア，一般会員たちが手作業でしていた。

　会員総会では活動報告と活動計画，予算などが議決される。2012年と2013年には50人前後の会員が参加した。

2−3　会と会員，会員同士の関係性

「すすめる会」では，「もやいの会」や「エンディングセンター」のような会員同士の交流の場は皆無に近い。「すすめる会」が主催するイベントとしては，学者など著名人を迎えて開かれる大規模なシンポジウム，2008年以降は葬送基本法懇談会などがあった。これらは会員の交流というよりは，会の理念を確かめるようなものである。これらのイベントでフロアからの質疑応答の時間は10分程度にすぎない。

会員たちが会との関係を確認するのは，これらのイベントや会報を通してである。会報も「すすめる会」イベントと同様，会の理念を語るものになっている。自然葬実施者の感想文コーナーや，会員が自由に意見を語る「声」があるが，それに対するフィードバックや会員たちの交流は見られない。

このように会と会員の関係性は理念を軸に据えた一方的な発信に近く，その頂点には安田がいた。彼はカリスマ的指導者であり積極的な実務者として会長をつとめた。彼の影響力については後述することになるが，その存在感は，特別合同葬に関するエピソードで端的に確認することができる。彼は関東地方で行われる特別合同葬に必ず参加し，遺族一人一人に自然葬実施証明書を読み上げ，手渡ししていた。しかし安田が体調悪化を理由に2008年から乗船しなくなると，他の人が自然葬実施証明書を読み上げて渡しても意味がないということで，後日郵送する方式に変わった。理念の具現である自然葬で，創始者である安田が実施証明書を渡すということに重要な意味が付与されていたのである。

また，会報発送作業を一般会員たちが手伝うのは，安田をはじめとする「すすめる会」の中心メンバーと一般会員の交流を図る意図もある。その日の発送業務が終わったら安田を交えてお茶をするのが恒例行事となっている。

「すすめる会」には全国支部組織（2013年度現在で北海道支部，東北支部，関東支部，静岡県支部，東海支部，新潟支部，中国支部，関西支部，九州支部，熊本支部）がある。支部は本部が指定したのではなく，安田が東京を中心に「すすめる会」を設立したことに共鳴した地方の人たちが，自発的に申し出て形成された。

各支部には，理念重視型のシンポジウム以外にも，会員交流会や自然葬を語る集いなど，会員同士が交流する仕組みがある。関西支部では年4回の会員交流会が実施され，20人～30人程度の人が集まる。毎回出席する人たちもいて，顔見知りのグループが形成されている。ここでは世話人をはじめとする会員たちが，自然葬に関する考えなどを発表する時間があり，また輪になって自己紹介をしたり，最近抱えている葬送に関する問題を話し合ったりする。

　しかしここに集まる会員たちは，「もやいの会」と「エンディングセンター」のような，一緒に墓に入る者同士の共同性を追求する気配は見られない。彼らが交流会の感想として語るのは，私と同じ考えをもっている人がいるという安堵感，私の選択は間違っていないということの再確認である。また，交流会の外での親密な関係にまで発展することもほとんどないように見える。

　一見ドライに見える関係性であるが，同じ葬送儀礼を選択した「仲間」の意識は見受けられる。一時期，海の自然葬で会のボランティアが立会いをする仕組みを中止し，船会社の人に代行してもらう案が本部で出されたことがあるが，会員たちは大きく反発した。同じ考え方をもって生きてきて，同じ自然葬を選ぶ人たちの立会いで見送られたいとのことであった。平素交流どころか面識もない会員たちであるが，まだ一般的とは言えない選択をした同士の仲間意識が覗き見られるところである。

第6節　本書の構成

　序章では，本研究の目的と視座を述べ，また自然葬にいたるまでの歴史的背景，日本の葬送儀礼の現状について整理し，自然葬を位置付けた。

　本書の第1部「社会運動としての自然葬」では，「すすめる会」における自然葬が社会運動の一環として形成されてきたことを明らかにする。第1部の第1章「'葬送の自由をすすめる会'の理念」では，会報やイベント，筆者が事務所ボランティアで参与観察しながら得た情報から，「すすめる会」の理念について検討する。第2章では，そのような理念をもとに「すすめる

会」はどのような理想的な自然葬像を作り上げてきたかを述べる。

　第2部「慣習とせめぎあう自然葬」では，社会運動として形成された自然葬が，会員たちによってどのように実践されるかを提示する。第2部の第3章「創出される自然葬の意味」では，理念的に形成された自然葬に対して，会員たちが実際にどのように意味付与をしているかを述べる。第4章「実践としての自然葬」は，実際に自然葬がどのように行われているかを，筆者が参加した自然葬のケースをもとに検討する。

　第3部「ダイナミズムのなかの自然葬」では，自然葬をめぐる「すすめる会」内外部の状況の変化によって自然葬の意味が再編されている現状について述べる。第3部の第5章「日本社会の変化と自然葬の意味再編」では，日本社会に散骨が普及したことによる自然葬の意味再編の兆候について検討する。第6章の「会長交代と新たな問いかけ」では，会長が交代し，ゼロ葬という新しい葬送儀礼を提案したことによって自然葬の意味がさらに問われていく様子を浮き彫りにする。

　終章では，死を受容する装置としての自然葬の意義について議論する。

注

1) 1991年，「すすめる会」は，神奈川県三浦半島沖で公式的には初めて散骨を行い，その行為が「墓地，埋葬等に関する法律」（以下，「墓埋法」）の「埋葬又は焼骨の埋蔵は，墓地以外の区域に，これを行ってはならない」という内容と，刑法第190条の遺骨遺棄罪に抵触しないという見解を，当局から導き出した。厚生労働省は「墓埋法」に関して「土葬と火葬が半々だった敗戦直後の混乱期の1948年にできた法律で，でたらめに土葬して伝染病が広がるようなことがあったら大変，という心配が生まれた。もともと土葬を問題にしていて，遺灰を海や山にまくといった葬法は想定しておらず，対象外である。だからこの法律は自然葬を禁じる規定ではない」という見解を表明した［安田 1992：6-7］。また，遺骨遺棄罪について法務省は「この規定は，社会的習俗としての宗教的感情などを保護するのが目的だから，葬送のための祭祀で，節度をもって行われる限り問題はない」とした［安田 2008：228-230］。

第 1 部
社会運動としての自然葬

第一部では，自然葬が「すすめる会」の展開する社会運動のなかでどのように形成されてきたかを明らかにする。第一章では，「すすめる会」が具体的にどのような理念をもっているかを検討し，「すすめる会」の社会運動としての性格を提示する。第二章では，その理念がどのように自然葬に反映されているかを検討し，自然葬の儀礼構成を明らかにする。

第1章　「葬送の自由をすすめる会」の理念

第1節　「葬送の自由をすすめる会」の成り立ち

　初代会長の安田睦彦は，会を語る上で欠かせない存在である。彼は自然葬を構想し，日本には葬送の自由がないということを指摘した思想的指導者である。会の設立後も，運営方針を決める理事の選出はほぼ安田の人脈と判断のもとで決められ，議案の決定に関しても彼の意見が大きく作用したといわれる。また会長だった22年間，無報酬で勤めるほどの献身的な実務者でもあった。会のイベントには安田に一目会いに来たという人も多いほど，彼の存在感は大きかった。

　安田は1927年愛知県で生まれ，東京大学法学部を卒業した。その後，朝日新聞社に記者として入社し，社会部デスク，編集委員企画報道室員を経た。彼が記者時代に主に取り組んだ事案としては足尾鉱毒事件がある。江戸時代からあった足尾鉱山は，明治時代にわたって煙害と国有林の乱伐にさらされ，その後は富国強兵策と相次ぐ戦争のために銅を提供し続けねばならなかったという。安田は，この過程で破壊された国有林の損害賠償に関する問題提起をし，公害問題という近代化の負の側面にスポットライトを当てた［安田1981］。彼が冗談まじりで自らを疑問の多い，「反常識」の子供だったと言ったように，現代社会の常識に疑問を投げかける姿勢がここに窺える。

「すすめる会」の始まりは、環境運動としてであったとされる。安田の関心が葬送の問題に及んだのは、水問題を通してであった。退職してからフリージャーナリストとして活動していた安田は、1990年、東京都民の水源である多摩川上流で、山梨県の過疎村がリゾート開発のため都有水源林を伐ろうとしていることを知った。取材に入った安田は、深刻な過疎村の現実を目にして、一方的に開発を反対するのも身勝手すぎると思い、両者が共存できる対策を模索した。そこで「再生の森」構想、つまり「都市住民が遺灰を山に返すことによって森を育て、養われた水を都市住民がいただく」という発想が生まれた［安田 2008：2］。遺灰を森に返す際に基金を積んで森の開発を防ぎ、過疎村の活性化を図るという計画であった。そして、その「再生の森」計画を都知事に提出した。この一連の過程で彼は、当時の現状で遺灰を撒くということがいかに困難かを実感し、「日本には葬送の自由という基本的な権利がない」ことに気づいたという。

このようなきっかけのもと、1990年12月、安田を会長とする6人のメンバーが集まって会を結成した。初期メンバーには法律家、都議会員などが含まれ、いずれも社会運動、特にそのうち三人は環境運動に長らく関わってきた人物であった。これらの人物を中心に、発端の過疎化と水問題だけでなく、墓地開発による環境問題まで目を向けることになる。

その面々を簡単に紹介すると、次のようである。初代副会長を務めた梶山正三は、産業廃棄物をめぐる環境問題に長年取り組んできた人物であり、「たたかう住民とともにゴミ問題の解決をめざす100人の弁護士の連絡会」の会長でもある（2015年1月現在）。また、薦田哲は、都市計画に関して国家賠償を起こすなど、都市景観、まちなみ景観に関わる市民運動に取り組んだことがある。その他、当時弁護士で元判事の森田宗一は少年法の制定に携わった人であり、池田敦子は、合成洗剤の使用をやめることを訴える石けん運動や地下水保全運動に関わっているうちに生活者ネットワークの議員になった人である。酒井印作は民俗学者として様々な地域と時代の葬送習俗を紹介し、相対的なまなざしを提供する役割を担当した。

会は、このメンバーたちを中心にそれまでの葬り方に関する常識に疑問を

投げかけることから始まった。薦田は会のことを，墓だけでなく葬送全般について議論するような場であったとし，関心があるテーマに関しては学界の大御所たちを交えて何度もシンポジウムを開いてきたと自負心を見せる。そして，「それこそが会の本質だった」と振り返る。1991年に開かれた第一回の集会は，その代表的なものであった。墓の固定観念を考え直せば自然葬はできるという趣旨で行われたこの集会には，予想をはるかに超える180人の参加者が殺到し，マスコミにも大きく取り上げられた。設立メンバーたちは「右翼が来るのではないか」と心配していたが，むしろ多くの賛同者が集まったことから「私たちは正しいことをしている」という確信を得たという。

　集会では，会の運動方針の骨格となるものが議論された。まず酒井が葬送の歴史について，「庶民も墓を建て始めたのは一般的に江戸中期で，幕府がキリシタン禁制をすすめるために，民衆を仏教の寺に帰属させ，キリシタンでない証明を寺にやらせたために普及した。伝統からいって墓は必須のものではなかった」[『葬送の自由』0号：2]と話した。安田もこの内容に続いて「それを明治政府は'家の墓'として一般化することで，民衆の死まで国家管理のもとに」おいたとした。そして日本では「古代から江戸時代まで，遺体を海や山に捨ててき」たため，自然に還りたいという考えは本来の葬法に戻ることであり，「伝統的な宗教感情にかなっている」と主張した[『葬送の自由』第0号：2]。

　法律の検討も行われた。「山や海にまくのは違法という考えが根強い」とされたからである[『葬送の自由』第0号：2]。彼らは，死者を葬る行為は憲法13条「すべて国民は，個人として尊重される。生命，自由及び幸福追求に対する国民の権利については，公共の福祉に反しない限り，立法その他の国政の上で，最大の尊重を必要とする」，20条「信教の自由は，何人に対してもこれを保障する。いかなる宗教団体も，国から特権を受け，又は政治上の権力を行使してはならない。何人も，宗教上の行為，祝典，儀式又は行事に参加することを強制されない。国及びその機関は，宗教教育その他いかなる宗教的活動もしてはならない」，21条「集会，結社及び言論，出版その他一切の表現の自由は，これを保障する。検閲は，これをしてはならない。通

信の秘密は，これを侵してはならない」に基づいて自由であるべきだと主張した［『葬送の自由』0号：2］。

また，現行法においては墓埋法や刑法190条の遺骨遺棄罪に抵触しないかどうかが焦点となった。それまで自然葬は「墓地，埋葬等に関する法律（以下，「墓埋法」）」の「埋葬又は焼骨の埋蔵は，墓地以外の区域に，これを行ってはならない」［生活衛生法規研究会 2012：11］という内容と，刑法第190条の遺骨遺棄罪に抵触する行為だと思われていた。梶山と薦田は厚生省衛生局・企画課長の荻生和成，法務省刑事局・参事官の池田茂穂，法務省刑事局付・検事の角田正紀との数回の面談を経て，遺灰を撒くということが二つの法律に抵触しないという見解を事前に確認した［『再生』第6号：3］。

このような準備を経て1991年10月5日，会は神奈川県三浦半島沖の相模灘で最初の自然葬を実施した。これに対し厚生労働省は「墓埋法」との関連で「土葬と火葬が半々だった敗戦直後の混乱期の1948年にできた法律で，でたらめに土葬して伝染病が広がるようなことがあったら大変，という心配が生まれた。もともと土葬を問題にしていて，遺灰を海や山にまくといった葬法は想定しておらず，対象外である。だからこの法律は自然葬を禁じる規定ではない」という見解を表明した。また，遺骨遺棄罪について法務省は「この規定は，社会的習俗としての宗教的感情などを保護するのが目的だから，葬送のための祭祀で，節度をもって行われる限り問題はない」とした［安田 1992：6-7］。

ただ，これらの見解は当局がマスコミなどの取材に回答したものであり，会に公式的に伝えたことでもなければ，通達に基づいた公式の厚生省見解でもない。また，この当局の見解に対しては様々な見方があり，厚生労働省は散骨を積極的に肯定したのではなく，「明示的に禁止した規定がない」という慎重な態度を崩していないとする見方や，「節度」をとらえて「条件付き承認」とする見方があった［森 2000：197］。しかし会は「どのような権利の行使であれ，節度，つまり社会的制約を受けるのは当然のこと」といい，国が自然葬を公認したとみなした［『再生』第3号：3］。

この事件は，日本でも自然葬ができるということを知らしめ，葬儀業界だ

けでなく世間でも大きな話題になった。安田は，初の自然葬が行われたこの年を「自然葬元年」と評価し，会創立20年の時点では，初の自然葬を「第一次葬送革命」と位置づけた。

　会は，開発による環境問題から自然葬を構想し，葬り方の問題にたどり着いた。そして歴史・民俗と法律の方面から「墓に入らないといけない」という常識に疑問を投げかけ，「死者を葬る方法は，各人各様であってもよい。故人を追悼し，その思いをどのように表現するかは，本来自由でなければならない」［安田 1991：2］という結論に至った。これは「墓に入る／入れる」という遺体処理の問題だけではなく，それに付随する仏教的儀礼や追悼方式，および商業主義の見直しを念頭においたものでもあった。

　会は最終的には公式に自然葬を実施したことで，「墓に入らないといけない」という常識を覆してみせた。ただ，自然葬という葬り方の構想から始まったとはいえ，「入る墓がない」ということではなく，「墓に入らないといけない」ことへの疑いが根底にあったことは留意すべきところである。これは「もやいの会」，「エンディングセンター」などと対比される部分であろう。これらの団体は会と問題意識を共有してはいるものの，墓守りがいないという人々の悩みの方が優位を占め，「家」に代わる新たな縁づくりが活動の中心となっている。これに対し，会では発足1年後「単身者クラブ」が会内でわざわざ結成されるぐらい，墓守がいない，入る墓がないという問題を抱えた人たちに特別な注意を払っていなかった。「単身者クラブ」は，単身者の自然葬をサポートしようと作られた女性を中心とした集まりであり，「単身者の方に特に配慮が必要」とアピールした［『再生』第6号：6-11］。しかしこの集まりも数回の会合後，自然消滅した。

　会は「墓に入らないといけない」という常識に疑問を投げかけ，それを広めようとする一つの社会運動としてスタートラインに立った。これは，発足時の会則に「啓蒙」が大きな目的として掲げられていることからも明らかである。思想運動体としての自己認識は会の中心メンバーたちの間で未だ強く共有されている。

　会の設立趣旨には，このような特色がよく現れている。

第 1 章 「葬送の自由をすすめる会」の理念

　　私達は，なによりもまず，死者を葬る方法は各人各様に，亡くなった故人の遺志と故人を追悼する遺族の意思によって，自由に決められなければならないと考えます。ですから，私達は環境問題や社会問題だけから葬送の自由を主張するものではなく墓を造る自由を否定するものでもありません。……（中略）私達が「葬送の自由をすすめる会」を結成した目的は，伝統的葬法を復活させるとともに，自然の理にかない環境を破壊しない葬法（このような葬法を「自然葬」と呼びたいと思います）が自由に行われるための社会的合意の形成と実践をめざすことにあります。
［「『葬送の自由をすすめる会』資料」1997b 38：123］

　このような目的のもと，「すすめる会」は自然葬の基盤となる世論形成を精力的に進めていく。著名な学者や実務者，政治家，文化芸術方面の人物たちを招き入れ一般向けの大きいシンポジウムを開き，出版物を刊行した。さらに，マスメディアや出版物の自然葬関連内容についての監視・抗議活動も行っていった。
　以下では，「すすめる会」の会報や出版物を中心に，このような世論形成活動の記録からうかがえる「すすめる会」の思想を検討する。

第 2 節　死後の自己決定権の追求

2−1　日本の葬送儀礼における死後の自己決定権

　死後の自己決定権は，「葬送の自由」と同義で使われるほど，「すすめる会」の根幹を成している思想である。森は自己決定論を，「近代化の議論のなかで，十九世紀から民族自決の議論が展開され，二十世紀になってインフォームド・コンセントの問題としてその議論が展開されてきた」［森 2014：82］とし，「すすめる会」の死後の自己決定権を近代化の個人主義の系譜に位置付けようとする。
　しかし，「すすめる会」における死後の自己決定権は，「自分の死後は自分で決める」という単独の文脈で使われることはほとんどなく，自然葬を規制

する何かに対抗する言説として使われることが多い。そのため，個人主義のなかで死後の自己決定権を捉えるより，それが何に対抗しているかを検討し，日本における葬送の文脈のなかで捉え直す必要がある。

　死後の自己決定権が対抗する対象は，家族，地域住民，商業主義，そして法律を主管する自治体や国家にまで及んでいる。例えば，1992年に開かれた「死後の自己決定権」シンポジウムでは，「死んだあと残った者が本当に自分の願い通りに葬ってくれるか，不安は消えません。葬送の自由の実現には，死後についての自己決定権が基本的人権の一つとして確立される必要があります。」[『再生』第4号：16]とされ，実施者の家族を牽制する手段としての死後の自己決定権が語られている。

　また，家族が自然葬に反対することは，「故人の願いを無視する遺族は，これまでの古い葬送習俗に従った'右へならえ'をするだけだ」(葬送の自由をすすめる会 2005：42)と批判される。この「古い葬送習俗」が「家」の墓であることは想像に難くない。初代理事であった森田は，「死者の自由は生者の責任」という記事で，「いずれにしてもわが国の徳川時代からの○○家の墓という風習と方式は，異質のものらしい。日本人はそういうものから解放され，生と死の自由を回復すべきであろう。」[『再生』第2号：9]とし，死者の自由は「家」の墓からの自由であるとしている。この場合，死後の自己決定権における「自己」とは，「家」に対する自己であろう。

　ただ，これは「家」への反発，あるいは「家」の墓の観念を押し付けようとする家族への反発であり，家族そのものに対する反発ではない。その一例として，自然葬が「死にゆく本人と残された遺族の意思によって」[『再生』第2号：9]選択されるべきという記述が散見されることからうかがえる。死後の自己決定権は，「家」を媒介とした家族関係，そして「家」の墓に入ることを要求する家族関係への対抗手段であるが，情緒的な関係を否定するものではないと考えられる。

　また，自然葬地周辺の地域住民の反発に対しても，地域住民の権利に対抗する手段として死後の自己決定権が登場する。商業主義に関しては，葬祭業という資本のシステムに葬送が組み込まれ，個人の自由が失われている現状

に対しての批判が行われた。

　「すすめる会」が死後の自己決定権の確立のために最も奮闘した対象は，自治体や国家であった。自治体や国家に対する死後の自己決定権は，「習俗・習慣は個人の自由の範疇に属し，規制しないのが原則」［『再生』第31号：4］，「国や自治体は葬送という心の問題に立ち入るべきではない」［『再生』第29号：6］という論理として現れる。設立当初から法律に対抗する姿勢を保っていた「すすめる会」は，1998年頃から始まった墓埋法改正の動きや自治体の散骨規制動向に対する抗議活動を強化していった。この時期は，「すすめる会」が飛躍的に成長し，会員が6000人近くまで増えた時期であり，世間でも散骨の存在が認められつつあった。

　以下では，「すすめる会」が自治体や国家に対してどのような運動を繰り広げたかを述べる。

2−2　「墓地埋葬等に関する法律」改定の動きと「葬送の自由をすすめる会」の対抗

　墓埋法改定の動きは，1998年「これからの墓地等の在り方を考える懇談会」から始まった。厚生労働省生活衛生局所管の「これからの墓地等の在り方を考える懇談会」（以下，懇談会）は，1997年から12回の会議を通して，1998年6月に報告書を出した。報告書では墓地の経営主体，墓地利用者の権限保護や多様なニーズへの対応，墓地の経営と管理の合理化が論じられると同時に，散骨についての考え方が提示された。散骨については会の存在が大きく扱われ，報告書の中でも葬送の自由，死後の自己決定権などの言葉が使われた。報告書自体は強制力を持たないが，ここで得られた結果は今後の墓地関連法の改定に参照されるという位置づけである。

　報告書には，制定されて50年が経った「墓埋法」が，実情に対処できなくなっていることが指摘されている。特に「散骨についての考え方」の項の原文は次のようである。

　　散骨は，墓地埋葬法の立法当時，社会的事実がなかったためにあえて

規定しなかったものと考えられる。散骨で公衆衛生上の問題が生じ，社会的通念上国民の宗教的感情を損なうような形で行われるのでなければ，現行法上特に規制の対象にする必要がないというのが現在の考え方であり，これは是認できるものである。

しかし，死者の遺志を尊重した散骨が認められるとしても，それは無制限のものではない。現行法のままでも，公衆衛生上又は国民の宗教的感情上の問題を生じるような方法で散骨が行われる場合には，墓地埋葬行政として当然規制の対象となる。

他の権利行使と同様に「散骨の自由」も公共の福祉による制約を受けるのは当然である。公衆衛生上危険であったり，又は国民の宗教的感情に反するような葬送行為が公共の福祉により制約されるのは，いわゆる「権利の内在的制約」によるものである。

(規制の方法)

散骨については，街中や水源地など人々の日常生活に密接な関係のある場所において行うことは妥当ではないという人々が圧倒的多数である。散骨を希望する者が適切な方法により散骨を行う自由を前提にした上で，必要な規制を行うことが適当であると考えられる。規制の方法については，国民の習俗に関する重要な事項に関わるものであるので，議会が制定する法規である法律又は条例によることが必要であろう。

法律によるべきか条例によるべきかについては，葬送方法には強い地域差があると考えられること，また，墓地埋葬に関する規制権限は地方自治法上，団体委員事務として整理されていることから，それぞれの地方の実情を踏まえて，地方自治体の条例で決めることが適当であると考えられる。

国としては，散骨の定義，散骨が許容される区域等を定める基準，行為規制の態様，制裁の程度など条例の準則を示すことが考えられよう[藤井 2000：52-54]。

このように報告書では、散骨の存在を認めたものの、公共の福祉、つまり公衆衛生や国民の宗教的感情による制約を受けるべきであるという方針が示された。その制約とは「街中や水源地など人々の日常生活に密接な関係のある場所において行うことは妥当ではないという人々が圧倒的多数である」という部分に現れているように、散骨の「場所」に帰結された。懇談会の議事録には「海に何千もの人が、いわゆる散骨を行うようになれば、漁場の問題も出てくる」「自宅に散骨する人もでてくるだろう」とし、「散骨という葬法については国民の間で合意ができつつあるように思われるが、どんな場所にも散骨ができるというコンセンサスはできていないだろう」［第6回議事要旨 厚労省HP］という懸念が示された。そして第7回議事要旨で、墓埋法にいう墓地の中に散骨の場を設ける道を開く必要があるという意見が開示されることになる。これは後述する地方自治体の条例制定に影響を及ぼした。

これは墓地内という条件付きではあるものの、法律の「対象外」で行われていた散骨を公式的に認めたという意味で大きな意義があった。しかし会は、このような意義をまったく評価せず、むしろ「自然葬を'墓地'という狭い概念に閉じ込める」［『再生』27号：22］ものと批判し、「'葬送の自由'に権力の介入を認めない」［『再生』第28号：3］と強い反対の意を示した［『再生』第26号：2］。

安田、薦田、池田がゲストスピーカーとして呼ばれ、ヒアリングが行われた懇談会の第6回目の会議でも同じ傾向を確認することができる。会側は冒頭で墓埋法第1条にある国民の宗教的感情について議論しないと、国家支配につながりかねない、こういったものは、国家が規定すべきではない、という趣旨の言葉を述べている。会は、会報27〜31号にかけて、多くの紙面を割いて懇談会の規制方針を批判する内容を掲載し、「葬送の自由を守ろう 自然葬の法規制に反対」という討論会を開き、最終的に厚生労働省に公式的に抗議文を送った。

厚労省のこのような動きを受け、散骨を規制する自治体が現れはじめたのは、2005年からである。2004年、北海道の長沼町では、ある営利業者が散骨場を設けようとしたことをきっかけに、散骨規制の動きが始まった。札幌

市の有限会社'北帰行'が事業主体となって，長沼町の幌内地区につくろうとしていた「樹木葬ホロナイ森林公園計画」が，新聞などで報道され，住民たちの反対運動が起きた。住民らは，「①風雨による飛散，地下水への浸透，流失が心配，②水田，畑の灌漑用水や家畜の飲み水への影響が心配，③農畜産物や酪農製品が風評被害によってイメージダウンし，大きな打撃をうける，④生活環境が壊されることで，地域の活性化にも影響がでる」[「ワンショットリポート」2005：61] などを，反対運動の理由として掲げた。そして 2005 年，「何人も墓地以外の場所で焼骨を散布してはならない」という条項（第 8 条）が設けられた「長沼町さわやか環境づくり条例」（以下，「条例」）が制定された。

長沼町の事例以降，北海道の倶知安町は，「すすめる会」に「ニセコ再生の森」での自然葬の自粛を要請した [『再生』第 58 号：7]。また，北海道・飯町の葬法に関する要綱（2006 年 4 月 1 日施行），長野県諏訪市墓地等の経営の許可等に関する条例（2000 年 4 月 1 日施行の条例を一部改正し，散骨場経営に関する規定を加えて 2006 年 4 月 1 日施行），北海道岩見沢市における散骨の適正化に関する条例（2007 年 9 月 18 日施行），埼玉県・秩父市環境保全条例（2005 年 4 月 1 日施行の条例を一部改正し，墓地以外の散骨禁止条項を加えて 2008 年 12 月 18 日施行）など，散骨規制の動きが広まった。

「すすめる会」は，このような規制に対して精力的に抗議活動を行った。長沼町に関しては，「条例」の廃止をもとめる請願を提出し，質問・回答のやりとりがなされた [『再生』第 57 号：2-3，『再生』第 58 号：3，『再生』第 58 号：5]。長沼町が散骨を規制するきっかけとなった葬儀業者に関しては「すすめる会」も批判的な立場であったが，初めて散骨を規制する法律が制定されたことに反発したのである。

また，このような散骨規制条例が制定されたのは，厚労省の「焼骨の埋蔵」に対する解釈，つまり「一般的に言えば，地面に穴を掘り，その穴の中に焼骨をまいた上で，その上に樹木の苗木を植える方法により焼骨を埋めること，または，その上から土や落ち葉等をかける方法により焼骨を埋めること」といった内容が原因となったとし，厚労省にも公開質問状を出した [『再

生』第 58 号：8 ］。これに関連して 2005 年 10 月 27 日には「墓埋法と自然葬―葬送の自由を守れ」シンポジウムを開き，条例は違憲であるという主張を導いている。憲法専門の法学者であり早稲田大学大学院教授の戸波江二は，死後の自分の身体の処理に関する自己決定権は憲法で保障されているとし，長沼町の条例は憲法違反の疑いが強いとした。これには反対意見もあった。自ら大正大学名誉教授という研究者の顔，浄土宗の僧籍を持つ仏教者の顔，全国墓園協会の理事の顔を持つものだと紹介した藤井正雄は，当該条例は散骨そのものを禁止したわけではなく，墓域内にまく自由は認めているという意見を述べた。そして現行の墓埋法を厳守する限り，墓地以外での散骨は認められないとし，条例は憲法違反ではないと主張した。

2−3　葬送基本法運動

　遺灰を撒く場所を墓地内に制限する条例が制定されるにつれ，該当地域にある会の「再生の森」も次々と閉鎖されていった。設立時から再生の森計画，つまり都市住民が遺灰を山に返す度に基金を積み立て，それを基盤に森を育てるという計画が根底にあった会にとって，自治体の動きは深刻なものとして捉えられた。

　「すすめる会」が構想した根本的な解決策は，墓埋法を廃止し，新たな法律を制定することであった。「すすめる会」が墓埋法のなかに散骨が規定されることを，「国家は習俗を規制するべきではない」という論理で断固として拒否したのは，すでに述べた通りである。その拒否の背景には，「家の墓に祀るという定式を押し付ける」［『再生』第 28 号：3］墓埋法に対する批判があった。つまり，「すすめる会」にとっては決められた区域に埋葬を義務付ける墓埋法が，死後の自己決定権を侵害するものであったのである。散骨に対して「対象外」という立場をとっていた当局が，散骨を墓埋法のなかに規定する方に方向転換したことによって，「すすめる会」は墓埋法自体を問い直さないといけない局面に入った。

　こうして 2007 年には葬送に関する新たな法律を作る基盤となる「葬送基本法」制定を求める動きが始まった。基本法とは，憲法と個別法との間をつ

なぎ，憲法の理念を具体化するものである。役割としては具体的な事項より，国政に重要なウェイトを占める分野について国の制度，政策に関する基本方針・原則・準則・大綱を明示するものとされる。「葬送は思想，信教の自由などと同じように，国家が介入すべきものでない」[『再生』第16号：6］という立場にあり，墓埋法の枠組みの中で出口を見つけられなかった会は国が内務省を通じて制限事項を定めた墓埋法の形ではなく，国に対して葬法を選ぶ自由を憲法に保障された権利として要求する基本法の形をとったのである。

さらに，この基本法の立法形態としては，議員立法が目指された。安田は，行政官僚によって準備され，内閣によって提案される行政立法が圧倒的に多い現状は国民主権に反すると批判し，「憲法にうたわれた国民主権を実現する主要な方法としては，市民の目線でつくった市民立法を国会で議員立法によって成立させることである」とした［『再生』74号：3］。

そして2009年には次のような葬送基本法制定「アピール」が会の総会で採択された。

① 死者を葬り，見送る行為は，「葬送の自由」を大原則とし，個人の尊厳を貫き，自主的に，個性的に行われる。
② 山林，河川，海などに遺灰を散布する「自然葬」は，節度，品位に十分留意して行う。
③ 墓地の大規模造成などが自然環境悪化を招く恐れが出ている現状に対し，「自然葬」は，土地の有効活用として保全に資し，ひいては地球環境悪化防止にもつながるものであって，国，地方自治体は，これを積極的に支援する。
④ 国，地方自治体は「自然葬」が上記の如く節度をもって行われる限り，自然葬のための公有地開放，この精神を具現化するための公的予算の投入を積極的に行う。
⑤ 国，地方自治体は，「自然葬」を不当に規制してはならない。
⑥ 従来の習俗に従った埋葬及埋蔵を否定しない。この考え方に立つ人々と良好な関係を保っていく。

⑦この目的を達成するため，地球上に生きるすべての人びとによる盛んな語らい・検討・議論を展開していく。ここで言う'人びと'とは，国境，民族，人種，宗教，性の違いを超えた個人であって，いっさいの差別はこれを認めない。

⑧「葬送の自由」および「自然葬」は，この法律によって改めて明示的に保障される。

[『再生』第73号：3]

　この「アピール」に現れている思想が墓埋法と異なる点は，第一に，葬送の自由が前提となったことである。墓埋法の方向性を表す第一条は「この法律は，墓地，納骨堂又は火葬場の管理及び埋葬等が，国民の宗教的感情に適合し，且つ公衆衛生その他公共の福祉の見地から，支障なく行われることを目的とする。」となっており，「国民の宗教的感情」「公衆衛生」などの「公共の福祉」に配慮する立場が表明されているだけである。これに対して会は，「アピール」の①で葬送における個人の自由を前提とすることを宣言し，それが人権に関わる問題であるという認識を⑦で示している。⑦に関しては「'自由'あるいは'人権'にも考えを及ぼしておきたい」[『再生』第73号：4]という説明が加えられ，それはフランス大革命，人権宣言，日本国憲法の精神に通じるものだとされた[『再生』第71号：3-4]。これは，墓埋法に代表される国の墓地行政が，葬送の自由という人権を侵害していたこと，葬送基本法はその人権を取り戻すことであるという「すすめる会」の認識を表している。

　第二は，「公共の福祉」の内容である。墓埋法における公共の福祉は，「国民の宗教的感情」と「公衆衛生」に関わるものであり，前述の懇談会の報告書でもこれらに基づいて「散骨の自由」は制限されるべきだと主張されたことがある。会は懇談会の指摘に対し，遺骨は1000度以上の温度で焼くため衛生上問題がないことや，むしろ遺灰はリン酸カルシウムであり土壌に有益であること，霊園開発のような自然破壊がないため利点の方が多いと主張した[『再生』第28号：5-6]。

宗教的感情に関しては，節度ある方法で自然葬が行われる限り，問題はないという立場が保たれた。また，散骨が平安時代にもあったなど［『再生』第28号：5］の事実を取り上げ，歴史的正当性から日本の宗教的感情に反しないことを改めて強調した。そして自然葬は自然回帰を願う宗教的感情を大事にしているといい，宗教的感情の多様性を認めることを求めた［『再生』第28号：5］。

アピールでは，上記のように墓埋法における公共の福祉に関しても問題がないことを強調するだけでなく，③のように「環境悪化防止」および「土地の有効活用」という側面で積極的に自然葬の公共性を主張している。つまり，「公共の福祉」の内容を従来の「国民の宗教的感情」と「公衆衛生」ではなく，環境保全に代替させようとしているのである。これは，環境問題の克服策として自然葬が構想される時から内在していた内容であった。

要するに，墓埋法を廃止して葬送基本法を推進することは，憲法と個別法をつなぎ，市民立法で制定される基本法の形をとったこと，そして個人の自由を大前提にしたという点で，葬送における国家と個人の関係を改めることを意味した。

さらに，国家に葬送における個人の自由を求める際，どのような形で求めるかも議論の重点となった。③と④の，自然葬のための「積極的な支援」，「公有地開放」，「公的予算の投入」で見られるように，積極的自由を求める意見が主流であった。2011年に設けられた葬送基本法推進懇談会[1]の公開懇談会では，次のような議論が行われた。

島田は，「政府，自治体は老後の不安には対処するが，死後の不安は考慮しようとしない」［『再生』第82号：5］という新しい問題提起をし，反響を呼んだ。この内容は国が積極的に自然葬を推進するべきという主張の根拠の一つとして，頻繁に言及されることになる。火葬場の建設に長く関わってきた理事の八木沢も，墓埋法は「周囲に迷惑をかけないかどうかということだけでやっている」ものであり，「人が死んだ以後について国は何もしない。死者へのサービスという問題を入れた葬送基本法をつくらないといけない」と述べたことがある［『再生』第82号：6］。このような考えは，基本法制定

運動において中心的な立場にいた中村にも共通するところがあった。

　中村は，それまで自由権として考えられてきた葬送の自由を，社会権の側面から捉えようとした。「'死者を弔い見送る行為は自由を原則とする，自然葬は節度をもって行うかぎり自由'などの内容は自由権であるが，自然葬を国が支援する，再生の森に無償に（生活保護受給者の）自然葬を実施するなどの内容は社会権の性格がある。」としたのである［『再生』第82号：14］。また中村は，現在の自由権に基づいた葬送の自由の中では，「葬送のためであること，節度をもって行うこと，だから国が散骨を許す」ということになりかねないとし，「葬送の自由は公共の福祉に反しない限り自由に認められる権利であって，国や行政がみだりに妨害したり干渉したりすることができない基本的権利がある」という社会権を強調したほうが，会の活動の趣旨に合っているとした［『再生』第87号：6］。

　社会権と関連しては，憲法25条の「1.すべて国民は，健康で文化的な最低限度の生活を営む権利を有する。2.国は，すべての生活部面について，社会福祉，社会保障及び公衆衛生の向上及び増進に努めなければならない。」が取り上げられた。この条文に基づいて葬送の自由を解釈すると，第一，経済的に恵まれない国民がどう弔い，どう弔われるかを選択するという問題について，国や自治体が国民を支援するための積極的施策を講じる責任を有しているということになる。第二に，「環境権」につながるこの条項は，将来の自然環境を守るためにも，過剰な霊園開発をしないで済む自然葬を推進すべきというふうに解釈できる，ということであった［『再生』第85号：13］。

　ただし，会が求めていた国の積極的な自然葬推進は，葬送を国家に委ねるという意味ではなかった。懇談会委員や理事たちに葬送基本法案を募った際，ある理事は「墓地は公的な制度である。住所を持っているものか，その地で死んだものは，その市町村に墓地の提供を要求することができる」，「死後，墓地を望むものには墓地葬が，大きな自然に還ることを望むものには海や山などへの自然葬が，死者の権利として公的に保障される」（2012年1月理事会会議資料）などの内容を盛り込んだ案を提出した。だが，「まだそこまでは求めていない」と却下されたのである。この理事の案は厚労省懇談会委員の森

謙二の意見に影響されたものであり、福祉として墓地政策を捉える観点につながるものであった（2012年2月のインタビューより）。

葬送基本法案は、中村を起草者として次のように採択された。

葬送基本法案

前文
　全ての国民は、日本国憲法が保障する基本的人権の一つとして葬送の自由を享有する。
　自己の身体が遺体となったとき、その遺体がどのように葬られるか、それを自ら選択する権利は葬送の自由として保障され、公共の福祉に反しない限り最大限尊重されなければならない。また、残された者の死者を弔い見送る権利も、同様に保障される。
　ここに、葬送の自由のための施策の基本理念を明らかにしてその方向を示し、国、地方公共団体及びその他の関係機関並びに民間の団体等の連携の下、葬送の自由のための施策を総合的かつ計画的に推進するため、この法律を制定する。

第一章　総則
（目的）
第一条　この法律は、葬送の自由のための施策に関し、基本理念を定め、並びに国、及び地方公共団体の責務を明らかにするとともに、国民のための施策の基本となる事項を定めること等により、葬送のための施策を総合的かつ計画的に推進し、もって国民の権利利益の保護を図ることを目的とする。
（定義）
第二条　この法律において「葬送」とは、次の各号に掲げるものをいう。
　一　火葬

二　土葬
　　三　自然葬
　なお，「自然葬」とは，墓でなく海や山などに遺体や遺灰を還すことにより，自然の大きな循環の中に回帰していこうとする葬送の方法をいうところ，これまで日本で行われてきた火葬による遺骨を墓所内に納骨する墓石を用いた葬送とは違い，遺骨を直接自然へ還し墓標として人工物を用いない葬送をいう。
（基本理念）
第三条　すべて国民は，個人の尊厳が重んぜられ，その尊厳にふさわしい葬送を選択する自由を享有し，葬送の自由が円滑に実現できる処遇を保障される権利を有する。
（国の責務）
第四条　国は，前条の基本理念（次条において「基本理念」という。）にのっとり，葬送のための施策を総合的に策定し，及び実施する責務を有する。
（地方公共団体の責務）
第五条　地方公共団体は，基本理念にのっとり，葬送のための施策等に関し，国との適切な役割分担を踏まえて，その地方公共団体の地域の状況に応じた施策を策定し，及び実施する責務を有する。
（法制上の措置等）
第六条　政府は，この法律の目的を達成するため，必要な法制上又は財政上の措置その他の措置を講じなければならない。

第二章　基本的施策
（具体的施策の整備等）
第七条　国及び地方公共団体は，国民や住民らが第二条で定める葬送の自由を選択できるよう支援し，選択した葬送を実施する手続きや環境を整えるための具体的な施策を整備しなければならない。
（国有地等の利用）

第八条　国及び地方自治体は，国民や住民らが国有地又は公有地において自然葬を行う自由を保障する。
（自然環境との調和）
第九条　国及び地方自治体は，自然環境の保全に資する自然葬について，これを保護し，助成する。
（自然葬の促進）
第一〇条　国及び地方自治体は，高齢者又は経済的支援を必要とする者について，無償で自然葬が実施できるよう施策を講じる。

第三章　自然葬施策推進会議
（設置及び所掌事務）
第一一条　内閣府に，特別の機関として，自然葬施策推進会議（以下「会議」という。）を置く。
2　会議は，次に掲げる事務をつかさどる。
　　一　自然葬基本計画の案を作成すること。
　　二　前号に掲げるもののほか，自然葬のための施策に関する重要事項について審議するとともに，自然葬のための施策の実施を推進すること。
（組織）
第一二条　会議は，会長及び委員十人以内をもって組織する。
（会長）
第一三条　会長は，内閣官房長官をもって充てる。
2　会長は，会務を総理する。
3　会長に事故があるときは，あらかじめその指名する委員がその職務を代理する。
（委員）
第一四条　委員は，次に掲げる者をもって充てる。
　　一　内閣官房長官以外の国務大臣のうちから，内閣総理大臣が指定する者

> 　　二　自然葬のための施策に関し優れた識見を有する者のうちから，内閣総理大臣が任命する者
>
> 2　前項第二号の委員は，非常勤とする。
>
> （委員の任期）
>
> 第一五条　前条第一項二号の委員の任期は，二年とする。ただし，補欠の委員の任期は，前任者の残任期間とする。
>
> 2　前条第一項第二号の委員は，再任されることができる。
>
> （資料提出の要求等）
>
> 第一六条　会議は，その所掌事務を遂行するために必要があると認めるときは，関係行政機関の長に対し，資料の提出，違憲の開陳，説明その他必要な協力を求めることができる。
>
> 2　会議は，その所掌事務を遂行するために特に必要があると認めるときは，前項に規定する者以外の者に対しても，必要な協力を依頼することができる。
>
> （政令への委任）
>
> 第一七条　この章に定めるもののほか，会議の組織及び運営に関し必要な事項は，政令で定める。
>
>
> 附則（抄）
>
> （施行期日）
>
> 第一条　この法律は，公布の日から起算して六月を超えない範囲内において政令で定める日から施行する。

　草案は，前文と総則において葬送の自由を説きながらも，第二章と第三章の基本的施策および意思決定方式においては自然葬という特定の方法を推進するという形にできあがった。自然葬は葬送の自由を代表するものとして，法律にまで取り込まれることになったのである。

　草案では自然葬が散骨ではなく，「遺体や遺灰を自然に還す」ところに焦点を当て定義された。中村はこれについて，「自然葬という曖昧な言葉をわ

ざと法律に使い，ダイナミズムが生まれるように工夫した。法律にそもそもこのような多重的な用語を使うのは珍しい。しかし'自然に帰る'ということを自然葬にしておいたら，今後は実際の場面でいろいろな解釈ができる。献体とか冷凍葬とか」（2012年7月インタビュー中）と述べた。自然葬を広義に解釈することによって，今後葬法の選択の幅を広げたいという狙いがあり，自然葬が葬送の自由を具現する究極の手段として位置づけられたことがわかる。

　以上のように草案がまとまるなかで，会員の紹介で国会議員が加わるなど，具体的な進展がみられた。国に対して積極的自由を求めるという意味で現代のリベラリズムに近い思想を持った会は，主に民主党議員との連帯をはかった。ちょうどこの時期は民主党が第一与党になり鳩山由紀夫が総理に就任していた時期であり，葬送基本法運動にも拍車がかかった。まず当時の民主党の大河原参議院議員と高山智司議員が協力の意志を示し，2011年10月には民主党の江田五月参議院議員も加わり［『再生』第83号：2-3］，議員連盟作りを進めようとする動きが始まった。参院議員会館での勉強会も3回にわたって行われた。出席および代理出席議員はほとんど民主党所属の議員であった。

　これを受け会の中で意見調整が行われている間，2012年の総選挙で自民党が執権与党になり，葬送基本法に協力の意志を示していた議員たちはすべて落選した。また会内部でも会長交代が実現し，過渡期を迎えるようになる。このような内外の事情により，葬送基本法制定運動は，休止状態に入ることになった。

第3節　エコロジズムの思想

　「すすめる会」は，「再生の森」計画からうかがえるように，エコロジズムに近い側面をもっている。当初の「再生の森」計画には，遺灰を森に返すことによって生態系のなかに循環していくという世界観や，開発の阻止という現代文明批判が込められていた。

　このような「すすめる会」のエコロジズム思想が最もはっきり現れている

のが，1992年6月にブラジルのリオデジャネイロで開催された地球サミットでのアピール文である。安田は，「いま地球環境は，危機的状況と言われています。現代の都市文明が，自然を搾取し，自然を破壊してきた結果にほかなりません。そうした反省のうえに，自然のなかで生かされている人間という視点を回復することが，地球を救う唯一の道だと思います。」［『再生』第5号：8］と述べ，「再生の森」構想は，「自然の循環を，目に見える形で実感すること」であると訴えた。

　このような問題意識のもとで提唱された自然葬は，「自然の摂理に従う」，「地球環境の危機に見合う」葬法とされた［『葬送の自由』第0号：2］。さらに，「すすめる会」は，遺灰を川や海などに撒くと魚の餌になり，土に撒くと肥料になると主張し，環境的な利点を提示した。

　人間を地球環境の一部として捉え，墓による環境破壊を防ぐ姿勢を備えているかどうかは，自然葬を規定する一つの条件になっていく。このような思想をもとにする自然葬と，葬儀業者が行う散骨は徹底的に区別された。「散骨ビジネスの登場とともに，なかには自然破壊の霊園開発を行う一方で，散骨ビジネスも，という業者もいて，自然葬の思想を踏みにじる動き」［『再生』第12号：4］という批判には，自然葬と散骨の二分法的な考え方が現れている。それだけでなく，1998年に行われた「これからの墓地などの懇談会」という公式的な場においても，自然葬は散骨と違って「地球の循環に帰っていく」ものであるという主張を繰り広げた。

　「すすめる会」の初期には，「再生の森」計画をはじめとする環境面での取り組みが活発に行われた。1992年8月には，群馬県多野郡上野村に48人が合宿しながら再生の森の候補地を物色し，村民たちと過疎化問題や山林保全問題について議論するイベントが開かれた。［『再生』第6号：3-5］。また，1994年には，「再生の森――森と水を守る自然葬」という大きいシンポジウムが開かれ，山村の過疎化と森林の荒廃への憂慮や自然の重要性が語られた。

　しかし，これらの取り組みでは，環境運動と，人間を葬るという行為の間の接点がうまく見つからない状況もうかがえた。1992年の合宿では，「山を守るということをあまり先行させて考えるととても難しくなる。死んだら山

に還りたいという思想を実現するということを優先させて、結果的に山を守る運動に役立つような方向ですすめることが大事だ」という議論が見られ、上野村と協力する形での「再生の森」計画は実現されなかった。

その後も、当初の「再生の森」計画は成功したとは言い難い。「すすめる会」の陸地での自然葬地は「再生の森」と名付けられたが、その実体は、会員所有の土地か会員が寄付した土地、あるいは「すすめる会」が購入した土地であった。このような形態では、遺灰を自然に返すことは可能であるが、その利益を過疎村の復興にあて、結果的に開発を防ぐという理念は実現できないのである。

このような現状と相まってエコロジズムに基づく活動はだんだん下火になり、初期の環境運動家出身の理事も抜けていくことになる。再び「再生の森」計画が浮上するのは、厚労省や複数の自治体の散骨禁止条例を受けて「葬送基本法」運動が展開される2008年前後であった。しかしこの時になると、議論の焦点が「墓地以外の場所に撒けるかどうか」に絞られ、国家との関係や死後の自己決定権の問題が主眼点となる。

それでも、死んだら自然に還るという思想や、墓地開発などによって環境を破壊しないという環境的利点は語られ続け、自然葬の意義の大きな部分を占めている。

第4節　死後観としての自然回帰思想

第3節で、会はエコロジズム的側面をもっており、人間を地球生命圏の一部として捉えていることを提示した。それは「すすめる会」の環境運動に近い問題意識や活動を生んだだけでなく、死後観をも形成している。

「すすめる会」は、墓とそれを取り巻く社会関係だけでなく、追悼と供養、それを支える死後観を問い直す世論形成活動を展開してきた。創立5周年には、「お墓大討論会」が上智大学で開かれ、定員500人を超える人が参加した。ここで目立ったのは、死後観と仏教的供養に関する議論である。パネリストの一人が仏壇を処分して仏教的伝統にのっとらない供養をしていること

を明らかにし,「供養の自由」を提案すると［『再生』第 19 号：20］, そこから魂の存在の有無や行方, 供養の考え方に関する議論が展開された。安田・梶山・山折など会の中心メンバーと各宗教者・宗教研究者との討論で浮かび上がったのは, 会が目指す死後観であり, 自然葬観であった。

　安田は, 供養の問題に関して人それぞれの方法があっていいと認めながら,「(例えば) 海は世界中に広がっていて, どの海を見ても (亡くなった人を思い出せる)」［著者なし　1997a：82］「墓は心の中に建てよ」［著者なし 1997a：83］と述べた。また, 自らの死後の行方に関しては, 魂が存在するかどうかはわからないが「大きな自然の命の中に還って, また何かに再生していくことはあるかもしれない」［著者なし 1997a：68］と話した。また, 自然葬という言葉については,「自然に還る」ことと自然環境を守るという趣旨に由来し［著者なし1997a：99］,「遺骨処理だけの問題じゃなくて, それを含んだ, すべての儀礼を含んだ, あるいは弔いという意味でのそういう一切の心の葛藤を静めるための儀礼全般」［著者なし 1997a：98］であることが明らかにされた。

　また, 2002 年 5 月に行われた「日本人と遺骨」シンポジウムは, 顧問の中村生雄が司会を務め, パネリストに島薗進 (東京大学教授), 片山文彦 (花園神社宮司), 大沢周子 (ノンフィクション作家), 梶山, 安田が登壇した。これは火葬後の遺骨を墓に保存し, 事故が起きた時は遺体を探しまわるなど,「日本人が遺骨に強いこだわりを持つ」［『再生』第 44 号：2］ことを相対的に考えるためのものであった。当時ニューヨークで起きた 9.11 テロ事件や宇和島水産高校の「えひめ丸」がアメリカの原子力潜水艦に衝突されて沈んだ事件などが例として出され, アメリカと日本の遺骨に対する考え方の違いが述べられた［『再生』第 45 号：7-9］。様々な議論を通して会が与えたかったメッセージは,「暗いお墓のなかに遺骨をしまい込んでおくことが, 果たして死者を大切にすることになるのだろうか。死者を大切にする方法はほかにもたくさんあるはずである。‥遺骨をどう扱うかは改めて見直してみる必要がある」［『再生』第 44 号：2］ということであった。

　このように「すすめる会」は, 遺骨と霊魂の関係やそれに基づく墓参りの習慣を中心に, 既存の死後観や追悼・供養を見直そうとした。そして「大き

な自然の命の中に還って，また何かに再生していく」という死後観を提示したのである。特に「お墓のなかに私はいません，千の風になる」という内容をもつ「千の風になって」という歌は，「すすめる会」の死後観との適合性が高かった。2009年5月に山折，なだいなだ（精神科医で作家，評論家），小尾信彌（本会顧問，天文物理学者），上田紀行（文化人類学者，東京工業大学大学院准教授），佐田智子（朝日新聞の元社会部記者，ジャーナリスト学校シニア研究員）がパネリストとなった「'千の風'と自然葬」シンポジウムでは，この歌が「まるで会の歌のようにも聞こえる」[『再生』第74号：15］という感想が出された。

　以上のような「すすめる会」の提示する自然回帰的死後観の特徴は，霊魂の言及がないことである。自然に還る主体は霊魂ではなく，遺灰，さらにはそれが分解した形の原子，分子という物質が主体となる。例えば「すすめる会」で行われた「生物の死」講演会シリーズ，「宇宙の死」の連載では，生物学者，宇宙学者が科学的根拠に基づいて自然回帰を述べた。「すすめる会」が提示する自然回帰はアニミズム的な霊魂観ではなく，近代自然科学と結びついた，より物質的な死後観なのである。

第5節　小結

　ここまで，「すすめる会」の理念について検討してきた。「すすめる会」は，安田が水源林の開発による環境問題に取り組むなかで，日本には葬送の自由がないという発見をしたことから始まり，「墓に入れる・入らないといけない」という通念を覆すために様々な努力をしてきた。エリートやメディアを巻き込んだ多様な世論形成活動や，国家・自治体に向けての抗議活動がそれである。その通念を覆す上で「すすめる会」が提示した理念は，死後の自己決定権，エコロジズム，死後観としての自然回帰思想である。

　死後の自己決定権に関しては，これまでの日本の葬送を規定してきた「家」，商業主義，国家に対抗する手段として死後の自己決定権が使われ，それらから脱却した葬り方としての自然葬が提示された。国家・自治体の散骨

規制が始まってからは，墓埋法に代表される墓地行政を死後の自己決定権という人権を抑圧するものとしてみなし，「葬送基本法」制定運動に取り掛かった。

　エコロジズムに関しては，人間を生態系の一部として捉える世界観のもと，環境保全に値する葬り方としての自然葬の意味が掲げられた。それは，遺灰を森に返すことによって生態系の循環に還り，散骨の実施によって得られた利益を過疎村の財政に当て，開発による環境破壊を防ぐという「再生の森」計画からうかがえる。また，墓地開発による環境破壊を防ぐ，遺灰が土の肥料になり魚の餌になるという自然葬の意味が語られ，他の団体や葬儀業者が行う散骨と区別された。

　死後観としての自然回帰思想に関しては，エコロジズム的世界観が自然葬の環境的価値を成しているだけでなく，死後観をも形成していることについて検討した。しかし，霊魂の行方という想像力はほとんどなく，物質としての遺灰が行き着く場所としての自然が描かれ，近代自然科学と結びついた死後観が提示された。

　以上のような「すすめる会」の理念は，新しい葬送儀礼に関する先行研究が指摘してきたような，家族の変化では説明できない部分が多い。「これからの墓地等の在り方を考える懇談会」では，自然葬が他の「継承不要」の墓と同様の扱いをされることに対して反発する場面すらあった。自然葬は「新しい墓地・埋葬形態」ではなく，「'墓'とは全く次元の違う'新しい葬送形態'」という主張がそれである［『再生』第28号：6-7］。

　「すすめる会」の理念はむしろ，「新しい社会運動」の潮流と歩調を合わせる動きであったことが垣間見られる。「新しい社会運動」は，欧米で1950年代から70年代頃に起こった一連の社会運動に注目した理論家たちによって提唱されたものであり，社会運動のあり方を現代社会の性格把握から導き出そうとする特色がある［大畑 2010：817］。ここでは，「すすめる会」の運動が「新しい社会運動」であるか否かを証明するよりは，「すすめる会」の理念の特性をより広い社会的文脈で考察するために，「すすめる会」を「新しい社会運動」として捉えてみる。

高橋は,「新しい社会運動」の特徴として,ハーバーマスの研究を参照し,物質的再生産の分野における分配問題をめぐる制度化された紛争に基づくものではなく,文化的再生産,社会統合,社会化の領域における「生活形態の文法」をめぐる紛争であると指摘した[2]。つまり,「新しい社会運動」は,国家行政と市場からなり,法制化され形式的に組織された「システム」が,コミュニケーション的な日常実践に基礎付けられる「生活世界」に介入し,同化しようとすることへの対抗である［高橋 1985：5］。「新しい社会運動」理論に影響を与えた運動には,1960 年代以降の欧米社会における学生運動,反核平和運動,環境運動,女性運動,地域主義運動などがあり,日本においても 1980 年代以降,「生活者・市民」を理念とした「生活クラブ生協」が躍進するなど,「新しい社会運動」とみなされる運動が展開された［山口 2004：94-98］。

　「すすめる会」は,「習俗・習慣は個人の自由の範疇に属し,規制しないのが原則」［『再生』第 31 号：4 ］,「国や自治体は葬送という心の問題に立ち入るべきではない」［『再生』第 29 号：6 ］という主張を繰り返してきた。「すすめる会」にとって葬送儀礼は,国家,「家」という制度的なものに影響されず,さらに葬儀業者の利益追求に流されず,個人が自らの選択,あるいは情緒的な関係のなかで決めるべき領域とされている。「すすめる会」の理念の根幹を成している死後の自己決定権は,「家」と結びついた国家,ならびに商業主義という「システム」が,葬送儀礼という「生活世界」の領域に過度に介入することへの対抗手段として理解できるのではないだろうか。このように考えると「墓埋法」は,国民の宗教的感情,公衆衛生,その他公共の福祉を挙げて葬送儀礼を管理する「システム」なるものとして認識されるため,「墓埋法」改定議論で散骨という葬法が法的に規定される機会が与えられたにもかかわらず,「すすめる会」は頑なにそれを拒否したのだと推測することができる。そして「すすめる会」が求めたのは,「墓埋法」をはじめとする墓地行政のあり方の転換であり,それが「葬送基本法」運動に結びついた。

　安田をはじめとする「すすめる会」の設立メンバーたちは,「すすめる会」以前から「新しい社会運動」と言われる運動にかかわってきた人たちであっ

た。安田が，記者時代を振り返って言及する仕事は，反原発運動や足尾鉱山問題，「生活クラブ」の牛乳の「集団飲用運動」の取材経験である。梶山と池田は，それぞれ産業廃棄物と地下水保全運動という環境問題にかかわっていた。また薦田は都市景観に関する住民運動，森田は少年法という福祉問題に取り組んできた。そのほか理事たちにも大小の運動に関わってきた人たちが多い。

　「すすめる会」の運動には，このようなバックグラウンドをもった人たちが目指す理想的な死に方が凝縮されていた。「葬送基本法アピール」の，「この目的を達成するため，地球上に生きるすべての人びとによる盛んな語らい・検討・議論を展開していく。ここで言う'人びと'とは，国境，民族，人種，宗教，性の違いを超えた個人であって，いっさいの差別はこれを認めない。」という，葬送儀礼を表現したものとしては違和感のあるこの文章が，それを物語っている。

　ただし，「すすめる会」を「新しい社会運動」として規定するには，それぞれの理論家に固有の枠組みと社会像があり，さらなる検討を要するが，ここでは次のことを強調するだけに止めておきたい。死後の自己決定権は，家族の変化，あるいは個人主義の台頭だけでは説明できない，葬送儀礼における「システム」なるものを克服しようとする試みであるということである。森は，死後の自己決定権を，「自己の死後の葬送について子孫の意思に任せるのではなく，自己の意思によって決定しようとする」［森 2010：208］ものであり，それは時には「他者の拒絶」になるとした。結果的にはそう捉えられるかもしれないが，「すすめる会」は「システム」なるものへの反発において死後の自己決定権を駆使しているように見える。その例として，死後の自己決定権が家族そのものではなく，「家」を媒介とした関係に対して発せられることをすでに言及した。

　一方，序論の第2節で詳述したように，日本における従来の葬送儀礼は，民衆レベルの祖先信仰だけでなく，陵墓を祖先祭祀の対象として位置づけた明治政府の墓地観を反映するものであり［森 2014：146］，「すすめる会」は，それを受け継いだものとして「墓埋法」と墓地行政を認識しているところも

あった。「すすめる会」の墓地行政への反発は、「新しい社会運動」の流れとともに、このような特殊な歴史を背景としていると考えられる。

　これらの議論で浮かび上がる「すすめる会」の提示する死に方は、「家」、「国家」など近代的な共同体の成員ではなく、死後の自己決定権を個人としての死の迎え方である。ここでは、それを「市民」としての死に方と呼びたい。本研究でいう市民は、ハーバーマスの生活世界にも通じる「生活者」に近いものである。山口は、1980年代以降、「市民」「市民運動」「市民社会」の概念が財産や教養との結びつきから離れて民衆一般の「生活」のあり方と結合し、日本の「新しい社会運動」においても「生活者・市民」概念が広まっていたことを指摘した。ここでいう「生活者・市民」は単に「生きる」ということではなく、自分で正しく、かつ生きがいがあると思われる「生き方」を自覚的に追及し、選択する人々のことである［山口 2004：99-105］。

　こうして「家」、国家という制度や商業主義という「システム」なるものから脱却したところで提示された自然葬という新しい葬送儀礼の意味は、「葬送の自由」という死に方の実現であると同時に、環境に役立つということであった。さらに、この環境に役立つという意味は、死後観としての自然回帰思想と統合され、強力な力を発揮する。「再生の森」計画は、「環境」を「自然」に置き換えることによって、このような感覚を絶妙に築き上げた構想であった。

　しかし「すすめる会」は、死後観としての自然回帰思想を物質的な側面に止めておくことによって、教団宗教のあり方とも一線を画すことも忘れない。「自然回帰を願う宗教的感情を大事にしている」［『再生』第28号：65］としながらも、「偉大な自然の＜物質＞循環に還り」（括弧は筆者）と、補足を付け加えるのである。

　このように「すすめる会」は、制度と宗教を超えたところでの新たな死に方の提示に、絶えず努力を重ねてきた。このような理念は、自然葬という儀礼の形にそのまま投影されることになる。

注

1) 葬送基本法懇談会は渥美雅子（弁護士・女性と仕事の未来館館長），池田茂穂（元最高検検事・公証人），上野千鶴子（立命館大学特別招聘教授），小尾信彌（東京大学名誉教授・天文学者），香山リカ（精神科医・立教大学教授），島田裕巳（宗教学者），中村裕二（弁護士・地下鉄サリン事件被害対策弁護団事務局長），中山千夏（俳優・元参議院議員），平野和彌（千葉大学名誉教授・植物病理学），松根敦子（日本尊厳死協会副理事長），道浦母都子（歌人），村田喜代子（小説家），安田睦彦，山折哲雄（国際日本文化研究センター名誉教授）が委員となり，これまで計4回の公開懇談会が開かれた［『再生』第80号：3 - 5］。ただ，この中には懇談会委員になることを承諾しただけで，ほとんど活動していない委員，公開懇談会だけに出席する委員も含まれていて，実際には中村，島田，安田，そして会の理事会が中心となって葬送基本法制定に取り組んでいた。
2) 他にも高橋は，「新しい社会運動」の特徴として，既存の政治的サブシステムの媒介を拒否するばかりか，新しい政治的パラダイムの共有による政治的連合が計画されず，草の根レベルで孤立する傾向，運動組織の小規模性が可能にする直接参加の民主主義の尊重，生活世界への侵害が深刻化すると暴力的逸脱行動に及ぶ可能性などを指摘するが，本章では理念検討に関わる特性だけを参照する。

第2章　理念としての自然葬

　会は公式的に最初の自然葬を実施し，その可能性を社会に知らしめる使命を果たした。しかし，持続的に自然葬の実施を受け持つかどうかに関しては設立メンバーの中でも意見が分かれた。すでに自然葬の可能性を妨げていた壁は乗り越えたため，自然葬実施業務に踏み込むことに運動体としての意義を見いだすのは容易ではなかった。このような理由で，会を完全に運動体として持っていきたいと考えていた梶山と薦田は，自然葬実施に反対する立場をとった。

　自然葬実施を積極的に支持したのは，安田であった。当時は自然葬を実施する業者がまだいなかった上，自然葬を実施してほしいといった意見がたくさん寄せられていた。さらに，会の理念を広めていくためには多くの人を集めることができる自然葬の実施が不可欠であるという判断も作用したという。結局，会は会員を対象に，自然葬実施業務に踏み込むことになった。

　会は運動体と自然葬実施団体という二つの性格を備え，その中で腐心しながら活動を展開していった。これにより，自然葬は社会運動体としての「すすめる会」の理念を具現するものとして位置付けられるようになる。梶山は，「会が自然葬のすすめを言うのは，ひとつはお墓に入らなくちゃいけないという，一種の自縄自縛を取り去る手段」であり，「あくまでも葬送の自由を表に出して，かつそれを大きく広げるための，一つの手段」だとした［『再生』第25号：33］。

　そもそも1991年に行われた初めての自然葬も，自然葬ができるということを証明するための行事であった。故人は1960年頃，失恋のため自死した女性であり，大半は家の墓に収められたが一部は友人の手を経て恩師に預けられ，慰霊されてきたという。その恩師が会の理事の友人であり，理事も故人と親しかったため，自然葬が成立した。葬り方としてより，運動の一環，

つまり自然葬の可能性を試すものとして行われたのである。

会員の自然葬も運動の結晶として位置づけられた。「すすめる会」の初期には，会報に各自然葬の記録が1～2ページの紙面にわたって掲載されることが普通であり，すべての自然葬に安田および理事数人が参加していた。遺族より会のメンバーが多い場合もしばしばあった。その後も，「すすめる会」が公式的に実施する特別合同自然葬には，安田が参加し自然葬実施証明書を手渡しする慣わしは続いた。

1992年には「すすめる会」とは別途に社団法人日本自然葬協会が立ち上がり，具体的な自然葬実施業務が進められた。二つの団体の役割分担については「'葬送の自由をすすめる会'は自然葬の運動と啓蒙，'日本自然葬協会'は自然葬の普及と実施」とされたが，「分担といっても過渡期の現在では，会員，役員とも重複しているのが実情」であった［『再生』第7号：2］。そしてこの状態は22年が経った現在も同じであり，会が目指していた日本自然葬協会の公益財団法人化も実現しなかった。

本章では，このように理念の結晶として位置付けられた自然葬の儀礼の詳細がどのように構成されたかを検討する。

儀礼の記述にあたっては，遺体処理，社会関係，告別と追悼という三つの側面から見ていく。これは，エルツの記述のあり方に基づいている。エルツは，臨終から最終の埋葬・儀式まで遺体と生者，魂がどのような営みを通して，死によってもたらされた不安定な状態から回復していくかを描いた。三つの立場を登場させたことをエルツ自身は「事実を提示しやすくしてくれる」［エルツ 1907=2001：43］としか説明していないが，葬送儀礼が死を総合的に変換する装置であることを示唆した［山田 2007：3-7］。

ただ，この枠組みを自然葬の記述に適用するため，少しの変更を加える。生者に関しては，生者が自然葬にいかに関わるのかという問題だけでなく，死者の意思（遺志）も考慮に入れるために，自然葬における社会関係を幅広く検討することにする。一方，霊魂のあり方に関しては，自然葬の場合，死後の世界に関する語りが少ないという特徴があるため，どのような告別・追悼行為が望まれるか，あるいは行われているかからそれを推察することにす

る。

　まず，自然葬の流れを簡単に述べておく。はじめに，自然葬をするかどうかを決める意思決定と入会，契約の過程がある。死に行く本人が自分の自然葬を希望する場合はこの過程が最初に来るが，遺族が故人の自然葬を決める事例においては，自然葬に付される人の死後にはじまることもある。

　自然葬の契約には，本人契約，遺族契約，遺族複数契約がある。本人契約は，会員が自分の死後に自然葬にされることを希望する場合，生前に契約を結んでおく形である。本人契約にあたっては，希望する自然葬の場所と連絡責任者を指定し，予納金を支払う必要がある。ここで契約者は会員であるが，連絡責任者が会員である必要はない。本人の死後は，連絡責任者が会と連絡を取り合いながら自然葬をすすめていくことになり，場所の変更なども可能である。また，連絡責任者が契約者の死後に自然葬の実施を望まない場合は解約することもできる。自然葬実施後には予納金が余ると返還され，不足分は支払うことになる。

　遺族契約は，会員が，自分以外の人（身内，または知人）の自然葬を実施するために結ぶ契約である。この際も，契約者は会員である必要があるが，自然葬に付される故人は会員でなくても良い。また，会員は何回も遺族契約を結んで複数人を自然葬にすることができる。

　遺族複数契約は，基本的に遺族契約と同様であるが，一回の自然葬で複数人を自然葬にする際に結ぶ契約である。

　また，人の死後から散骨までは，臨終の確認，葬儀，火葬，焼骨の粉末化などの過程があり，それから海か山に遺灰を撒くことになる。このうち会が関わるのは焼骨の粉末化からである。自然葬は，火葬後の遺骨をどうするかの問題なのである。

　火葬してから散骨実施までの期間は一ヶ月以内から数年までと様々である。まず自然葬の日時と場所を決める手続きに入るまでの期間は，故人の身辺整理にかかる時間や自然葬実施者の都合，そして心の準備次第で前後する。それから実施日までの待機期間は，実施形態が特別合同葬か，合同葬か，個人葬かによって異なる。この間，遺骨は遺族が保管することになる。

特別合同葬は，日時と場所を決めて5〜15組程度の参加者を募る形式であり，年に七回ほど，全国で行われている。特別合同葬は年度始めに会が決めた時間と場所で行われるため，実施日まで数ヶ月待つことになる。合同葬は近い場所と日時を希望する遺族が複数いる場合に，会が調整して合同で自然葬を実施する形態であり，会が調整して合同葬を企画するので，同様に数ヶ月の待機期間が生じる。個人葬は，個別の遺族が，希望する日時と場所を選んで実施するため，一ヶ月以内から数ヶ月といった形になる。ただ，寒さが厳しく，海が荒れやすい12月から2月にかけてはほとんど行われない。

　散骨実施日が決まると，遺骨を粉末化する。粉末は，会が900円で支給する水溶性の紙で薬包みにされる。一つの包みにまとめる場合もあれば，人数，またはそれ以上の数に分けることもある。

　海での散骨は，出航して10〜30分ほど沖に出たところに船を止めて行われる。沖に出る時間は天気と波の状況によって前後する。波が高い時は10分ぐらい出たところで散骨し，すぐ戻ってくる場合もある。散骨地点まで移動する間，立会人は会の歴史や趣旨，そしてこれが会で行われた何回目の自然葬かを語る。ただ，語る内容は立会人の考え方によって多少変わることもある。

　散骨地点に着いたら，立会人がこれから散骨を始めることを告げる。遺族たちが遺灰と花，飲料を撒いている間，立会人は自然葬実施証明書のフォーマットに散骨した正確な時間を記入し，船長は海図の上に散骨した場所を記入する。遺灰を撒き終わったら船長が汽笛を鳴らし，黙祷の時間が設けられる。その後，遺灰と花，飲料を撒いた場所を船が三回まわることになっているが，天気と波の状況によって回れないこともある。

　船が港に戻る間，あるいは下船してから，立会人が自然葬実施証明書を読み上げ，海図とともに遺族代表に渡す。ただ，2013年からは後日に郵送する形に変わった。

　散骨の実施後は，それぞれの形で追悼行為が行われる。

第1節　遺体処理

　自然葬は、遺体処理という側面から見ると火葬後の遺骨の処理方法に当たる。火葬以前の段階は特に言及がないため、焼骨の処理から扱うことにする。

1-1　焼骨の粉末化

　「すすめる会」では、火葬した骨を5ミリ以下に砕くという原則を自主的に設け、これを第三者や環境に対する「節度ある」方法としている [葬送の自由をすすめる会 2005：44]。この遺灰の規格は、アメリカのカリフォルニア州などで採用されているもので、「社会秩序に適合し、かつ、容易に自然還元する」ものと捉えられた [『葬送の自由』第0号：6]。会が自然葬の契約を申し込む会員たちに配るパンフレット「死後の届け出、火葬から遺骨の粉末化まで」には、粉末化して遺骨の形状をなくすことによって「他人に不快感を与えず」、早く分解されるとしている。

　さらに陸上での自然葬は、地上に残る時間が長いため、できるだけ細かく粉末化することが要請される。実際に1994年5月には東京都水道局が管理する山梨県小菅村の水源地で行われた自然葬では、5センチほどの大きさの骨が見つかったとして地域住民が都庁に苦情を申し入れるなどのトラブルがあった [藤井 2000：47]。

　以下では、粉末化の実施者と実施道具について検討する。

1）　実施者

　粉末化作業は、遺族・知人などの縁者が、追悼の気持ちをもって行うのが望ましいとされる。同パンフレットには、次のような文章が書かれている。

　　　　当会は遺族の方の手による粉末化をお勧めしています。自分ではどうしてもできない、という方は業者に頼むことになりますが、最初は抵抗のあった方も、故人を思いながらしみじみ感慨にひたれた、やってよか

ったとおっしゃいます。

　このように、どうしても自らの手でできないといった場合には業者に頼むことになるが、理想的な方法ではない。その理由は、故人と縁のない業者が、機械を使って行うからである。2011年には、ボランティアの一人が無料で会員の粉末化を代行するという記事が掲載された。そこでは「同じ会員」である自身が、「自らの手」で粉末化作業を行うということが強調された［『再生』82：8］。

　主に粉末化を行う業者も、長い間、会の元理事が独立して作った「友好団体」であった。遺骨の粉砕を依頼する時は、宅配便で送る方法もあるが、首都圏に限って出張費を支払い、直接取りに来てもらえるなど、対面的な関係で行うことができる。

2）実施道具

　また、粉末化に使う道具は、「故人ゆかりの文鎮、ゴルフクラブ、バット、ピッケル、金槌など」が推奨され、故人とつながりのあるものが望ましいとされる。

　一方、業者が使う機械は、2000年の時点では、理科学実験用のスタンプミルという高さ1メートルほどの試料粉砕装置であり、スチール製のピストンを自動的に上下させて砕いていくものであった。遺骨の量にもよるが、約一時間をかけて0.1ミリから1ミリぐらいまで細かく砕けるという［『再生』第45号：24］。ただ、2009年に筆者が観察した際はこの機械はすでに使われておらず、穀物などを家畜の飼料用に粉砕する機械が用いられていた。一回の回転では十分な細かさにならないので、何度かふるいにかけてさらに粉砕していく方法で行われた。

1－2　散骨

　ここでは、墓に入る／入れるという遺体処理方法を拒否する自然葬は、具体的に遺灰をどのように処理しているかを検討する。

粉末化した遺灰は，契約で決められた場所に撒かれることになる。これまで会の自然葬は，海での回数が最も多い。その理由は，海を希望する人が多いということもあるが，山や川は近隣住民たちに配慮しないといけないため慎重になっているところもある。

1) 遺灰の量

遺灰を撒く形態としては，遺灰の全部を撒くことが望ましいとされる。例えば，1997年に開かれた「お墓大討論会」では，会の顧問である山折と会長である安田の間で次のようなことが話されている。

> 山折：……（前略）そういう伝統的な，お墓を中心とした葬祭のやり方を批判して，この「葬送の自由をすすめる会」ができて，自然葬のすすめを始めるようになった。その自然葬を始めた方々のうちで，すべての遺骨を，たとえば海に撒くとか山に撒くというふうにやっておられる方もおいででしょうが，どうでしょう安田さん，多くの方々はやっぱり分骨されているんでしょうか。……（中略）自然葬をされる方も，菩提寺のお墓に一部を収めながら，海に撒く。どうしてこれほどお墓にこだわるだろうか……（後略）

> 安田：……（前略）分骨されて一部を海，山に撒く，あるいは一部をお墓に収めて，一部を海，山に撒くという方は，そのうちの一割もいらっしゃらないと思います。ということは，やはりみなさんが，はっきりと，自然に還すんだということを強く心に思っていらっしゃるんで，なんか変な形でお墓を残しておくことに，抵抗があるんじゃないかと思います。……（後略）

[「お墓大討論会」1997a：1997：81-82]

また，筆者が参与観察した事務所における電話対応でも，このような方針が度々うかがえた。事務所で電話に出ていると，墓をどうするかという悩み

から自然葬について問い合わせてくるケースが多い。それに対して会の事務局は，他の合同墓，樹木葬とは違い，「自然葬は何も残さない」やり方でやっていると説明している。

　このように遺灰のすべてを自然葬にし，墓を作らないという方針は，前章で検討したように，墓を，墓埋法を介した国家との関係，またその延長にある家制度を介した家族との関係の上で成り立っており，また仏教的供養や死後観を反映するものとして捉えていることに由来すると考えられる。また，遺灰の全部を撒くことを推奨する背景には，墓および墓地の造成は環境破壊を伴うと批判し，自然葬をその代案として提示する方針も反映されている。例えば，「散骨ビジネスの登場とともに，なかには自然破壊の霊園開発を行う一方で，散骨ビジネスも，という業者もいて，自然葬の思想を踏みにじる動き」[『再生』第12号：4]という批判をすでに取り上げたことがある。

2）　自然葬実施場所の選定

　遺灰は，特定の認識できる空間ではなく，「大自然」のような，広い空間感覚のなかで撒かれることが望ましいとされる。これは墓の存在を意識した結果であろう。会は，自然葬を代案的な墓の一種と捉えることを拒否し，また小平霊園のような閉ざされた空間での散骨や，木の下に遺骨を埋める樹木葬を，自然葬とは区別してきた。

　会のこのような方針は，主に遺灰を撒く場所の選定に影響を及ぼしている。これを間接的に窺わせる事例として，事務所での電話対応で次のようなことがあった。亡くなった母親の遺灰を，彼女が好きだった映画の舞台となったある山に撒きたいという依頼が来たのである。しかし，その場所は自治体の散骨規制条例によって自然葬ができなくなっていた。職員はこのような事情を申し訳なさそうに説明しながらも，「自然はどこでも同じ」と，広い空間感覚をもって自然葬の実施に臨むよう説得した。

　海の場合においても状況は同様である。神奈川県には数カ所の自然葬ができる港がある。数年前にある港から出発して自然葬を行った遺族が，同じ港で出発する自然葬を希望した。しかし，その港より，電車で30分ほどの距

離にある港で出る船の方が安全と快適さの面で適切であると判断した職員は「海はつながっているから」と説明し，場所に固執する必要がないことを力説した。

また地上の自然葬での遺灰の撒き方に関しても，木の下など特定の固定的な空間に撒くのではなく，敷地内の複数のところに撒くことが良いとされる。

筆者が参加させてもらった山での自然葬で，一本の木の下にすべての遺骨を撒いているところを撮った映像を会長の安田に見せると，「我々の会員は，普通はこんなことはしない」といい，「雑木林の中とか，日当りのいいところに少しずつ」撒くことが多いと説明されたことがある。会員たちは「窮屈な木の下」ではなく，「大自然の中」に還ることを願っているとのことであった。

第2節　社会関係

本節では，墓にまつわる社会関係を拒否する会が，自然葬の各段階において，どのような社会関係を望ましいとし，実際の自然葬ではどのような社会関係が見られるかを検討する。

2-1　意思決定と契約
1)　主要意思決定者

会は，死にゆく本人，あるいは本人と最も近い親族・知人が，家制度と檀家制度に基づく社会関係に左右されず，自然葬を選択することを望ましいとしている。

まず会の特徴の一つは，死後の自己決定権を主張し，死にゆく本人が自らの意志で自然葬を選択することを激励することである。死後の自己決定権が会の運動の中核をなしていることは，前章ですでに確認した通りである。

ただ，死後の自己決定権は個人主義の文脈で主張されるだけでなく，家，寺，商業主義に対する対抗として主張される傾向も見受けられることを指摘した。先祖を大事にしないといけない，あるいはこれまでの寺との関係を維

持し，また仏教的な死後観に従わないといけないという理由で自然葬の選択が妨害され，墓を作ることを当たり前に思う業者が決めた形式に乗っ取ってことが流れるのは，最も望ましくないことである。

2）契約種類

契約の種類には本人契約，遺族契約，遺族複数契約があることを冒頭で述べた。この中で本人契約は，死後の自己決定権を具現化したものであり，重要な位置を占めている。初期の会報には，本人契約を讃える内容がしばしば見られる。

2－2　粉末化と散骨
1）粉末化実施者

骨の粉末化作業の実施者については，本章の1節ですでに触れた通りである。粉末化作業は，遺族・知人などの縁者が，追悼の気持ちをもって行うのが望ましいとされている。

2）散骨の参加者

散骨する際は，意思決定の時と同様，家制度，檀家制度，そして商業主義の影響を排除し，実際に故人と親しかった遺族・知人だけが参加することが望ましいとされる。例えば，会は海洋散骨業に参入した日本郵船が，遺族の立ち会いなしで運送の間に行われることを次のように批判している。

> ……（前略）郵船方式は一面識もない船長，ときには外国人船長に散骨を依頼することになる。その場合，散骨は事務的に処理されるかもしれない。遺族の立ち会い抜きで本当に葬送の意味があるのだろうか。極論すると，遺骨の海洋投棄業になる恐れすらある。……（中略）故人をしのぶ遺族の思いが深く胸をうつ中で，遺族の手で遺灰が直接まかれ，最後の別れをつげている。
> 　　　　　　　　　　　　　　　　　　　　　　［『再生』第42号：11］

会の自然葬においても「木霊と凪」が自然葬を代行することがあるが，彼は「仲間」と位置づけられる。

これは，「木霊と凪」の位置づけが「友好団体」であることと関連がある。「木霊と凪」は，自然葬の代行およびその他の仕事に対して一定の料金を徴収するが，営利目的の「業者」ではないとされる。会の思想に賛同した元理事が立ち上げて，営利目的ばかりではないということが強調されるのである。

また，散骨の参加者の資格が決まっているわけではないので，稀に僧侶，牧師が参加したこともあるという。これを聞く時に居合わせた会の理事たちの評価は，信教の自由を尊重するので問題ないと言いながらも，宗教者なしでは落ち着かない気分が理解できないということであった。

第3節　告別と追悼

会は，「暗いお墓のなかに遺骨をしまい込んでおくことが，果たして死者を大切にすることになるのだろうか。死者を大切にする方法はほかにもたくさんあるはずである。」」［『再生』第44号：2］と，墓だけでなく墓にまつわる死者とのつきあい方にも疑問を表す。そして自然葬を「遺骨処理だけの問題じゃなくて，それを含んだ，すべての儀礼を含んだ，あるいは弔いという意味でのそういう一切の心の葛藤を静めるための儀礼全般」［著者なし1997a：98］と定義した。会では，どのような死者との別れ方，追悼のあり方が実践されているのであろうか。

3－1　散骨時の儀礼形式

死者との別れ方は，儀礼形式を通してうかがうことができる。会では，仏教など特定の宗教による儀礼にとらわれず，故人と遺族の意思が反映されることが望ましいとされる。最初の自然葬構想では，次のようなことが述べられている。

　　　各人の信仰ないし死者を弔う気持ちに応じて船を飾ったり，船上で音

楽を奏でたりすることも考えられましょう。むろんこのような形態を必要とするものではなく，要は死者を弔う気持ちが現れていればよいのです。
［『葬送の自由』第 0 号：6］

また，2013 年 2 月に行われた自然葬の案内文の注意事項には「ご位牌，お骨壺などのお持ち込みはお断りしています。」という，墓にまつわる儀礼を意識的に拒否するようなことが記載されている。さらに，「喪服はご遠慮ください」「服装はカジュアル，ご婦人はスラックス，かかとの低い靴をご使用ください」と指定されている。これは，「海や山に黒い服を着た一団が現れて，周囲に異様な感じを与えることは避けたい」という理由もあるが，「故人が自然に還る日は祝福されるべき日」だからという。このような点から，新しい弔い方が望まれていることがわかる［葬送の自由をすすめる会 2005：17］。

ただ，会は仏教など特定の宗教を反映する儀礼を拒否しながらも，自然葬は「葬送儀礼の否定ではない」とし，「個人の宗教・思想信条にしたがい，自由な選択に応じた'節度ある'葬送儀礼を行うのが'自然葬'です」［葬送の自由をすすめる会 2005：14-15］と説明する。そして儀礼の形として，次のような手順を設けている。

　　船が目的の海域に着くと鐘が鳴らされ，立会人が「これから始めます」と述べて，自然葬の趣旨などを含めた簡単なあいさつをします。すぐ散骨に入り，花びらやお酒などを手向けて黙祷します。そのあと船が弔笛を鳴らし，散骨した海域を中心に大きく三周して帰港します。上陸してから，遺族代表に自然葬実施証明書が渡されます。
［葬送の自由をすすめる会 2005：39］

このように，会は仏教式などの形式にこだわらず，各人が自由に死者を弔う気持ちを表現することを望ましいとするが，「節度」のために一定の形式は指定している。

3−2　散骨後の追悼
1)　散骨場所への訪問

　散骨後の追悼について，会がもっとも強調するのは，墓参りに代表されるような追悼のあり方から脱却することである。

> 　わざわざお墓に行かなくても，海や山を見るたびに，あるいは花が咲くたびに故人をしのぶというのも，思慕と追悼の形でしょう。お墓や遺骨だけに故人の霊が宿るという考えを，他人に押し付けることはできません。
> 　　　　　　　　　　　　　　　　　　　　　　　[『再生』第 24 号：15]

　会は，「お墓は心の中に建てよう」［著者なし 1997a：83]，「海は世界中に広がっていて，どの海を見ても（亡くなった人を思い出せる）」［著者なし 1997a：82]という追悼のあり方を提示する。そこには，「死んだものが新しい生命を得てよみがえること」，「大きな自然の生命の循環のなかに還っていく喜び，祈りのような感情」が根底にあるのだという［『再生』第 70 号：3]。
　このような考え方は，散骨を行った場所を訪れることを墓参りのように認識し，望ましくないとする方向性を生み出した。特に遺灰がその場所に残り，実際のアクセスも容易である陸地での自然葬では，より敏感な問題になっている。自然葬申込書には，「再生の森は墓ではないので，再訪問はご遠慮ください」という文面が記載されている。
　これは，会員が個人的に所有している場所が再生の森として提供されているところが多い現状に配慮したものでもあるが，基本的には散骨した場所を墓と区別し，故人の依り代となることを未然に防止するためだと考えられる。実はこの文面は，2012 年の総会以降に付け加えられたものであり，そのきっかけは再生の森を提供しているある会員の問題提起であった。老後の趣味活動のために山の一角を購入した彼は，土地を再生の森として提供し，そこで行われる自然葬の立会人をしてきた。現在でも週に 2，3 回はその場所に行って植物の手入れをしているという彼は，散骨が行われた場所に花が供えられていることを目にしたり，時には遺族とすれ違ったりすることもあると

いう。彼は，人が来るのは構わないが，墓のように訪れるのは「自然葬の思想からみてどうか」と，戸惑いを感じていると訴えた。

2）その他の追悼行為

その他の追悼のあり方に関しては，具体的な方法が提示されてはいないが，形式にこだわらず，各人が自由に行うことが勧められる。

第4節　小結

これまで，「すすめる会」が自然葬をどのように規定しているかを検討してきた。

会が作り上げてきた理想の自然葬は，遺体処理においては故人の縁者が故人ゆかりの道具をもって遺骨を粉末化し，遺灰を全部撒いて墓を造らないこと，「大自然の中」と称される広くて抽象的な空間感覚をもって遺灰を撒き，墓のような特定できる空間を造らないことであった。また，社会関係においては故人・遺族が家制度・寺檀関係などの規範的な関係に縛られることなく，自らの意思で自然葬を選択し，契約すること，そして故人と対面的で親密な関係にある者だけが散骨に立ち会うことであった。告別と追悼においては，仏教式などの形式にこだわらず，各人が自由に死者を弔う気持ちを表現することが望ましいとされながらも，献花，献酒，などの一定の儀式が設定されていた。散骨後の追悼に関しては，遺骨や墓だけに魂が宿るという死後観の拒否から，散骨した場所を訪れないことが強調された。

このように「すすめる会」は，社会運動としての理念のもと，既存の墓に対抗するような形で自然葬を構成してきた。環境破壊への関心と自然回帰思想というエコロジー運動としての側面は，遺灰を全部撒いて墓を造らない，広くて抽象的な空間に撒く，散骨した場所を訪れないという方向性を生み出した。また，自己決定と自然回帰の思想は，家と寺の圧力を拒否し，さらには仏教式などの形式にこだわらない告別・追悼方法を追求すること，葬儀業者の指示・提案に流されないことなどにも影響していると思われる。

第 2 部

慣習とせめぎ合う自然葬

第3章　創出される自然葬の意味

　本章では，個人による自然葬への意味付与を，自然葬を選んだ「理由」の語りから見ていく。会員たちが語る自然葬を選んだ理由には，彼らが自然葬から何を読み取るかが反映されていると考えられるからである。

　筆者は，自然葬選択者たちとのインタビューやさりげない会話，そして会の活動や自然葬の現場で共に過ごした時間を通して，その理由の重層性に気づいた。自然葬を選ぶ理由には，「すすめる会」が提示するような理念的な部分に通じるものもあれば，1990年以降の先行研究が注目したような，墓の購入と継承に関わる部分もある。一方で，そのどちらにも属さない，語り手の経験に基づく理由も存在する。

　以下では，自然葬を選んだ理由を，①「すすめる会」の理念に関わる理由，②墓の購入と継承に関わる理由，③その他の理由に分けて記述し，個々人における自然葬の意味について考察する。

第1節　会員8人の語りからみる自然葬の意味

1−1　Ｉの語り

　Ｉは，1929年山梨県生まれの女性である。1995年に入会したが，会の活動に参加してはおらず，会費とカンパを払う程度で会と関わっている。筆者は2008年，Ｉが母親の分骨を自然葬する際に出会った。Ｉは2010年に母親の遺骨の一部（分骨した分）を，2012年には夫の自然葬を実施し，さらに自分の自然葬も望んでいる。

1）「すすめる会」の理念に関わる理由
① 「家」を前提とする祭祀・供養への疑問

Ⅰは「家」が続くことを重視しないためという理由で，既存の祭祀・供養を望まないという。

Ⅰの父親は村長と県議会議員を勤めたことがあり，村には父親の銅像もあるほどの社会的地位があった。Ⅰは，筆者との会話でも，裕福であり，村人から尊敬される立場の家で育った幼年時代を楽しげに振り返ることが多かった。しかしⅠには姉しかいなく，その姉も若くして病死したため，子供はⅠしかいなかった。名家の最後の子孫であるⅠが戦後間もなくして結婚した時，親戚の間では夫を婿養子にしてⅠの家を継いでもらおうという話が出たが，Ⅰはそれを断った。仕事をしている夫への配慮もあったが，「神代の昔なんて，もううそ」で，「家はいつか途絶えるもの」と思ったからだという。子孫に供養してもらい，先祖になることは「美しい昔話」と思うが，自らはする必要も，される必要も感じない。姉が亡くなってからは，両親の墓参りに行ったこともないという。

さらにⅠは，娘二人の婿に対しても夫の名字を継いでもらおうとは思わなかった。

② 形式にこだわらない，心のこもった追悼方法の追求

Ⅰは，「お墓は心の中に」という安田前会長の言葉に強く惹かれたという。

Ⅰは，若い頃，盲学校で朗読奉仕をしていた。その時に録音したものの中で特に記憶に残っているのが，モーリス・メーテルリンク作の『青い鳥』だという。『青い鳥』は，貧しい家で育った2人兄妹のチルチルとミチルが，夢の中で過去や未来の国に幸福の象徴である青い鳥を探しに行くが，結局，それは自分達に最も手近な鳥籠の中にあったという物語である。彼らがいく国々の中には死者の国もあり，そこで亡くなった祖父母に遭遇する。祖父母は，「死んだ人はわざわざ……（中略）供養なんてしなくても，こうして思い出してくれることによって私たち死者は生き返る」と話しかけるという。Ⅰは，「だから供養とか，そんなことはしなくても思い出してくれることが大切なんだよっていうの。」といい，墓を作って墓参りと法事などはしなくていいと説明した。

③ 世界旅行への憧れ

Iは，体が弱く，よく病気をしていた。戦中・戦後の混乱中とはいえ，両親と姉を病気で亡くしたため，自分も長生きするとは思わなかった。しかし60歳を過ぎてから元気になり，フランスとアイルランドに旅行したことがある。最初で最後であったその海外旅行は，Iにとって大事な思い出となった。Iは，海に撒いてもらい，これまでは体調のせいで行けなかった，世界旅行をしたいという。Iは，「金さんのとこ（韓国）にも波に乗って行くわ。」と言った。

④ 遺体を物質としてみなす

Iは，旧約聖書の創世記3：19に登場する「塵にすぎないお前は塵に返る」という言葉が好きだという。「人間は死んだら終わり」だと昔から思っていたからである。そして墓を建てる必要も，葬式をする必要もないと考えている。

Iは，このような考え方のもと，献体を申し込んだ。「人間は死んだらクズなのにもったいないな」と思っていたら献体という選択肢に思いついたという。そして献体申し込み者の集まりで出会った人を通して，会と自然葬の存在を知ることになる。

献体を申し込む際に記載する事項には，遺体を該当病院に運ぶタイミングと，運搬手段が選べるようになっていた。Iは死亡が確定した時点で葬式をせず，霊柩車ではなく救急車で献体先の病院に運ばれることを選んだ。夫もそれに同意した。

2) 墓の購入と継承に関わる理由
① 墓の継承者の不在

Iの娘たちは，二人とも結婚している。娘たちの夫はそれぞれ長男であり，墓と仏壇の世話をする立場にある。特にIと夫は次女夫婦と同居していて，次女が墓を大事にする夫の家の習慣に付き合う姿を見てきた。定期的に墓参りに行くのはもちろん，法事も欠かさずに行うのが大変そうだと思っている。

第3章 創出される自然葬の意味 75

それに自分たちまで負担をかけたくないという思いで，墓を持たない選択をした。

3） その他の理由
① 親戚付き合いを拒否

Iの夫は，8人兄弟の7人目である。同じ地域に住んでいたので親戚との往来は自然と多かったが，親戚付き合いに慣れなかったIは，夫の親戚とうまくいかず，窮屈さを感じていた。Iは，この田舎では「自由がない」と感じたので，夫を説得して40代の頃，甲信越地方から東京に移住した。

夫は退職を前後にして，兄弟と一緒に故郷に墓を購入した。Iは閉塞感を感じながらも，墓に入ることが当たり前だと思っていたので仕方なく従った。しかし会と自然葬の存在を知り，躊躇なく墓を返却したという。Iにとって自然葬は親戚付き合いから逃れる手段でもある。

1－2　Kの語り

Kは，1944年千葉県生まれの男性である。2000年に自分の自然葬を望んで入会したKは，会の活動にほとんど参加していない。筆者はKが母親の自然葬の相談で事務所に訪れた際に出会い，話を聞くことになった。

1）「すすめる会」の理念に関わる理由
① エコロジー思想への共感と役に立ちたい気持ち

Kは，「自然葬」という言葉に魅力を感じた。人間は自然から来て自然に還るものだと思っている。会社を退職してからは，できるだけ「自然に近い」生活をしてきた。文明の利器もなるべく処分しているところで，家には冷蔵庫も洗濯機もない。

またKは，10年近く玄米菜食を徹底し，なるべく有機栽培のものを選んでいるという。肩こり，蕁麻疹がひどくて病院に行ったら，食生活を大事にするようにと言われたことがきっかけであった。食生活を「自然なもの」に変えたら，昔よりいらいらする気持ちが少なくなった。Kが好きな生物学者

は，「私とは何か。私は私が食べたものの集合体だ」と言っており，共感するところが多いという。

その他，ボランティアで他人の家の周りの花壇の雑草刈りをしている。誰かが雑草刈りをしないと，役所の人が除草剤を撒いてしまうからである。花壇は子供たちがよく通るし，そこで遊ぶ子供もいるので，見過ごせない。ただ，雑草を刈る時も根っこから全部抜いてしまうようなことはしない。雑草があれば鳥もカエルも来るからである。「自然」があるのがいい。

雑草刈りのボランティア以外にも，子供スポーツ教室で得意な武道を教え，ゴミ当番などを積極的にしている。このような活動は，サラリーマン時代は考えられないことであった。Kは，この年齢になってようやく，自分は人の役に立つのが好きだということに気づいたという。一生をかけて安定的なパソコンシステム関係の仕事をやってきたが，道を間違えていたように思う。

自然葬という言葉に惹かれて入会してから，人間の体が土の栄養分になるという情報を会報で読んで驚いた。Kは，大好きな山を崩して墓を作るようなことをせず，自分の体が自然の役に立てればと思っている。

2) 墓の購入と継承に関わる理由
① 墓の継承者の不在

Kは，結婚して数ヶ月で離婚し，子供もいない。実家の家族としては妹と，妹の子供たちはいるが，Kは家族と不仲である。自然葬を考えるようになったのは，妹から「こっちもいっぱいいっぱいなので，自分の始末は自分でしろ」と言われたことがきっかけであった。

ただ，Kはこのような状況に対して寂しさも感じている。死んだら墓に入って，先祖は墓にいて，子孫がそれを守るという考えが習慣のようになっていたからだという。「自然葬はそれをひっくり返すこと」である。

② 墓管理の負担

Kは，自分の自然葬だけでなく，母親の墓を取払い自然葬にしようとしたが，家族および寺の反対でできなかった。

Kが母親の自然葬をしようとしたのは，墓管理の大変さからであった。Kと父親，妹は，母親が亡くなってから二つの墓の面倒を見ていた。Kの家の墓は曾祖父母代に，由緒ある寺院に設けられた。墓石は2メートルの大きさで，敷地はもともと「幼稚園のグラウンド」ぐらいあったというほど，立派な墓である。当時のKの家の財力を見せるものであるが，後代で家は少しずつ傾き，現在は敷地のほとんどを寺に返却している。

母親が亡くなって遺品を整理していたKは，母親の部屋で墓のパンフレットを多数発見した。Kは，Kの家に嫁いで苦労ばかりした母親は家の墓に入りたくなかったのであろうと推測し，パンフレットの中の一つの寺院に母親の墓を設けた。母親に似合うのであろうと思った字を自ら筆で書き，墓石に彫刻してもらうほど愛着をよせた。Kの家との縁を断ちたかったので，墓石に刻む名字は，結婚前の姓に戻してあげた。

しかし，母親の墓とKの家の墓は電車で2時間以上離れているため，両方の墓の面倒を見るのは体力的に大変だった。そのうち妹は難病に，父親はアルツハイマーになり，負担はさらに大きくなった。K自身も70代になって跡継ぎもいないので，なんとか整理しないといけないと思ったという。

Kは母親の13回忌を節目に，母親の墓を取払い，Kの家の墓に納骨しようと思ったが，すでに父親は管理の大変さと経済的な事情でKの家の墓を寺院に返却しようとしていたところであった。Kはそれを知って自然葬を目論んだが，実施に至らなかったのである。

3）その他の理由
① 家の圧力を断ち切る手段としての自然葬

Kは，鳥取藩の家老をしていた，歴史のある家系の長男である。しかし複雑な家族史と長男としての責任を果たせなかった重圧から「Kの家の痕跡を消したい」という考えで，自分の自然葬を望んだ。

Kの家では曾祖母の代に男子が生まれなかったため，曾祖父が婿養子となって家を継いだ。曾祖父は，もともと農民だったが，戦争の時に大儲けをした。Kは「片っ方は名誉目当てに，片っ方は金目当てにした結婚がうまくい

くわけがない」という。

　曾祖父母の間には娘が2人生まれたが，次女は若くして亡くなった。跡継ぎがいなかったため，祖父が婿養子になった。祖父と祖母の間には，一男一女が生まれた。曾祖母は，初めて実の跡継ぎが生まれたことを喜び，執着と言ってもいいほど父親を可愛がった。時に可愛がりがエスカレートして虐待に至ることもあった。父親は若い時に自殺を計ったこともあった。

　父親が結婚すると，同居していた曾祖母は母親をひどく虐めた。Kと妹も曾祖母の嫉妬で虐められた。母親は必死でKたちを守ってくれた。そのうち曾祖母は，あまりにもヒステリックで色んな人を虐めたため，家族会議を通して家から追い出された。Kは，一人暮らしをしていた曾祖母の所に，父親と訪ねた記憶があるという。しかし最後はどうなったかわからない。

　曾祖母が家を出た後も，祖母と叔母は母親を虐めた。父親は母親を助けず家に寄りつかなかった。家のことは何も手伝わないのに，Kにはいつも厳しく説教をした。

　Kは，漠然と「人の役に立つ仕事がしたい」という考えを持っていたが，家族は彼が安定した仕事につくことを望み，工学部に進学することを勧めた。彼は二回の浪人を経て，東京都内にある大学の工学部に入った。当時は学生運動で学校が閉鎖されることもよくあった。その学生たちが主張していることを正しいと思った。読書家だったKは，読書会に何度か参加したことはあるが，学生運動に飛び込んではいなかった。Kは，「みんな，よくそんな元気があるな」と思っただけだった。卒業してからは，パソコン関係の会社に入った。就職して間もなく，父親の強制で結婚することになった。しかし，その女性と一緒に住むことに耐えられず，一ヶ月で家を出てしまい，後ほど離婚した。その後は，母親を可哀想に思い，実家に戻ったり逃げ出したりを繰り返した。仕事はうまく行かなかったが，何とか定年まで勤め上げた。

　Kは，家を憎み，重圧感の中で生きてきた。独り身で子どもがいない自分は，K家を終わらせ，その痕跡をこの世から消す運命だと思っているという。

1－3　Aの語り

Aは，1940年，東京都世田谷区生まれの女性である。1995年に入会し，週一回のペースで会の事務作業を手伝うボランティアをする他，2011年には会のウェブサイト改編に携わっていた。また，葬送基本法の署名運動にも積極的に参加するなど，会の社会運動としての側面に呼応している。

また，夫の遺灰を，夫と旅行したことのある場所に少しずつ撒いている。最終的には自分の死後，残りの夫の遺灰と一緒に，会で自然葬を実施してもらう予定だという。一方，実家の両親，祖父母が埋蔵されている墓を取り払おうとしたが，長男の反対で失敗した。

1）「すすめる会」の理念に関わる理由
①　葬送に対する認識改変と生態系において「お役に立ちたい」

Aは，大学院の博士課程時代からノンセクトとして積極的に大学闘争に関わっていた。夫とは，学生運動の現場で出会った。Aと夫は2人とも研究者を目指していたが，学生運動の最中に大学院を中退した。研究より運動の方が「よっぽど面白かった」という。

二人は塾の講師などのアルバイトをしながら，夫は三里塚闘争など様々な闘争に関わる生活を続けた。時には往路の運賃だけもって実家にお金を借りに行ったこともあるという。しかし二人の息子の出産と育児につれ，職業をもつ必要性を感じ，それぞれ就職をした。それからは運動に少しずつ疎遠になっていったという。

Aは，65歳で仕事を退職してから，在日コリアンの支援団体，野宿者支援および労働福祉を支援する団体で活動を続けてきた。福島原発事故以降は，原発反対運動団体にも参画している。

何かの「お役に立ちたい」というAは，墓と葬式に対する認識を変えたいと思い，会に入会した。また自然葬は，人間のカルシウムが木と土の役に立ち，また魚の餌にもなるので選んだという。会と似たような樹木葬の団体についても調べたが，「大したことない」と感じた。「会の方が思想も確実」だし，何も残さないのがよかったという。

② 「家」制度的規範に不満

　夫が亡くなって2ヶ月後，義理の母親も後を追うように亡くなった。Aは，この葬式をきっかけに夫側の親戚と絶縁し，「二度とこんなことが起こらないように」墓と葬式に対する認識を変えたいと思った。

　Aの夫は長男であったが，Aは，自分，または自分の長男が葬式を引き受けることを拒否した。夫を亡くして間もなかった上，喪主は子供（夫の妹）がつとめるべきだと思ったからである。そして夫の妹に喪主を頼み，Aの夫が預かっていた義理の母親の遺産も委託した。妹は喪主を渋々受け入れたが，妹の夫は，それは「長男の嫁がやるべきだ」と反対し，大喧嘩になった。

　結局，葬式はAが喪主となって行ったが，義理の母親の遺産は一切もらえなかった。葬式の費用やこれからの夫の家の墓の管理費用なども，Aが支払うことになっているという。

　Aは，「こんな経験は初めて」といい，彼らを「古い田舎の人間」と批判する一方，夫の家の慣行にあわせて嫁の役割を果たしてきたことが報われなかったことの悔しさを語る。

　Aは，仕事と家事を両立させながらも，長男の嫁として「だいぶ尽くした」という。義理の母親が東北の実家近隣の老人ホームに入ってからは，毎週のように夫と車を走らせ，面会に行った。喧嘩になった妹夫婦は，ほとんど来たことがないという。それでも彼らは，それが長男の嫁として当たり前のことだと思っているので，感謝することはなかったという。

　Aの成長過程は，夫の家の雰囲気とは対照的であった。Aは三人姉妹の長女として生まれ大学院まで進学し，「縛られることなく生きてきた」という。夫が社会運動に没頭している時は，自分で小さな会社を立ち上げ，一人で生計を維持したこともあった。このようなAの自己認識と，それまで蓄積された家制度的規範との間での葛藤が，葬式を通して表出し，Aは会の活動に導かれたのであろう。

　Aが特に会と契約することなく遺灰を撒いているにもかかわらず，夫の最後の遺灰の自然葬を会に委託しようとする理由は，会が発行する自然葬実施証明書をもらうためである。夫の親戚が不満を言ってきたら，「ちゃんとし

たところで」自然葬をしたということを堂々と見せたいという。

2) 墓の購入と継承に関わる理由
① 墓の継承者に対する憂慮
　Aは，自然葬を選んだ理由として，「子供に迷惑をかけたくない」という理由を挙げる。Aには息子が二人いるが，彼らは墓の面倒を見切れないだろうと判断している。

　長男は定職についていない上，未婚である。Aによると長男は子供の時から頭がよくて，多くの期待を寄せていた。しかし大学受験に3回失敗し，やっと入った都内の大学の工学部で大学院まで進んだが，指導教授と喧嘩をして辞めてしまったという。その後，自力で大規模の電気工事などの仕事を探してやってきたが，収入は不安定である。Aは，長男に対して「失敗を繰り返している」といい，憂慮を隠さない。

　次男は，結婚して子供3人を育てているが，妻が専業主婦であるため，経済的に余裕はない。また墓にも関心がなく，AとAの夫の自然葬やAの実家の墓の始末も，Aに任せっきりだという。

　また，実家の墓を取り払い，自然葬をする件については，妹たちへの心配も作用している。兄弟の中では，金銭的に心配することなく暮らしているのは，Aだけである。妹の二人とも70才に近い年齢であるが，ビルの清掃や調理師の仕事を続けているという。妹たちは，生前の両親のことと，墓の面倒を姉のAだけに任せていることに負担を感じている。Aは，マンションを2室購入し，両親と隣り合わせで住みながら面倒をみていた。

3) その他の理由
① 故人との生前の関係における後悔
　Aと夫はよく周りから仲のよい夫婦と言われ，A自身も夫と深く愛し合ったと感じている。しかし生活を共に営んでいるうちに酷いことを言うようになり，対話が少なかったという後悔が残っている。政治的なことに関してはよく意見を交換したが，本音で話し合うことは少なかったという。週末にな

るたびに二人で旅行に出かけたが，旅行先ではそこで見て感じたことに関して感嘆していればよかったので，深い話し合いをせずに済んだ。

　そのような関係は，夫の死を前にしてまで続いた。夫はガンが発見されて3ヶ月で亡くなることになるが，Aは夫が死ぬことを受け入れられず，夫にも知らせなかった。夫は再度の入院で自分の死を予感し，Aに感謝と愛の言葉を述べた。しかしAはそれに応えられず，「本当に愛していたんだよ」と言えなかったことを後悔している。

　会の顧問である山折哲雄が旅先に少しずつ遺灰を撒く「一握り散骨」を提唱したことをみて，「これだ」と思ったという。Aは，夫と旅したところに出向き，反省の心を込めて遺灰を撒いているという。

1－4　Bの語り

　1959年東京都生まれの女性であるBは，1997年に両親の自然葬を実施するために入会した。入会当初から事務局でボランティアとして活動し，2010年から2013年まで事務局長を勤めるほど，会の運動と実務に深く関わっている。

1)　「すすめる会」の理念に関わる理由
①　「家」制度的ジェンダー役割の拒否

　Bは，大学生の時に社会学者であり女性解放運動家の上野千鶴子の講義を受けて，「ジェンダー」という言葉を初めて知ったのが，人生の転換点となったと語る。Bにとって自然葬は，このようなジェンダー意識の延長に位置付けられる。

　Bは，夫の両親の墓をめぐるトラブルを見て，「なぜ女性は旦那の墓に入らないといけないのか」という疑問を抱いていた。そのトラブルとは次のようなものである。長男の嫁であった義理の母親は，姑のもとで苦しんだ記憶があり，早くからBの家の墓には入りたくないと言っていた。しかしBの義理の父親は，受け継いだ墓を守らないといけないという意識があり，妻の希望との間で悩んでいたという。そのように決着がつかないまま，先に義理の

父親は亡くなってしまった。Bの夫と義理の妹は，母親の意思を尊重して新しく墓を購入し，そこに父親の遺骨を埋葬した。

　Bの疑問は，散骨という葬法の存在を知ったことと，「すすめる会」に出会ったことで解決された。両親の自然葬のために「すすめる会」に入会したBは，女性は旦那の墓に入らなくてもいいどころか，「先祖代々の墓」は「うそ」であることがわかったという。Bが「男性社会で戦ってきた」と評価する実の母親が自然葬を希望したのも，「なるほど」と思えた。Bの母親は，時代から考えると「進歩的な」女性であり，本を複数出版したことがある作家であった。Bは常に母親の背中を見て育ってきたという。

　以上のようなジェンダー意識は，Bの人生の語りにおいても見られる。Bは結婚して息子がいるが，自分像を「嫁」，「母親」などの役割に閉じ込めることを拒否し，夫の家の墓に入るのは，最初から「想定しなかった」という。このような考え方は様々な人生の語りにおいて見られる。

　Bは結婚してからも化粧品会社，出版会社の職員など様々な仕事を続け，育児と家事より仕事を優先してきたという。Bが子供を産んでからも専業主婦にならないことを義理の母親は良いように思っていなかったが，Bは仕事を優先する自分の方針をはっきり伝えた。育児に関しても，「女性」，「母親」としてこうしなければならないというルールを重視したのではなく，人としての責任感で子供を育ててきたという。

　また，義理の父親が亡くなってから義理の母親と同居するようになったBは，「嫁」としての自己像を拒否する。寝たきりになった義理の母親を主に介護したのは夫であった。Bは，夫が世話するのを見ながら「私が実の子だったら，ああいう風にはしないのに」と思うことが何度もあったが，それは夫のやることなので行動しなかったという。また，義理の母親が亡くなってから，夫はリビングに小さな仏壇を設け，茶を供えている。Bは夫が供えをする時は一緒にやっているが，自分だけではしないという。それは実の子供がやることであり，B自身がしたら「嫁の務め」のようになるので嫌だという。同じ理由で，Bは義理の父親の墓参りにも行ったことはない。

　このように自らを夫の家の「嫁」と位置付けようとしないBは，夫とも対

等な関係を築いている。Bが夫と結婚したのも，家庭的で「亭主関白」な人ではなかったからである。まだ交際中であった頃，Bが夫の家に初めて遊びに行ったら，夫の母親は二人に買い物に行ってくるように頼んだ。出かけたスーパーで，夫は母親に頼まれたものだけでなく，トイレの洗剤も一緒に買った。Bは，家の状況に目を配り，家事に関わることを恥ずかしがらないところがよかったという。

このような家族関係に対し，Bは女性同士のつながりを大事にし，複数の女性のグループに属している。韓国の芸能人のファンクラブ，歌手のファンクラブ，息子が小学生だった頃のPTA会の友人たちがそれであり，定期的に会う機会を設け，何かある時はお互い助け合っている。両親の自然葬に招待した友人たちは，こういったつながりに属している人たちであった。独身，離婚，死別で将来，墓に困りそうな友人たちに自然葬を見せてあげたかったという。

Bは，会の中でも女性同士で話し合い，「連帯」する場を設けたいと考えている。

2) 墓の購入と継承に関わる理由
Bの語りでは，墓の購入と継承に関わる理由は聞かれない。Bには息子が一人いて結婚もしているため，差し迫った墓問題は抱えていないのである。

3) その他の理由
① 新しい潮流に対する憧れ
Bは，昔から人と違うことをやるのが好きで，流行りのものを早くやりたいという願望があった。「俗にいうと，進歩的というのはかっこういいと思っていた」という。

その例として，Bが結婚した当時は人前結婚をする人は少なかったが，彼女は「先駆けて」それを取り入れた。自然葬も同様，友人たちにまだ馴染みのない自然葬を，「どんなに素敵なものか」見せたかったという。

1-5　Mの語り

　Mは，1953年東京生まれの女性である。自らの自然葬を望んで1997年に入会し，生前契約をした。会報を通して，すでに持っている墓を取り払うことができるのを知り，祖父母と両親が埋葬されている墓を撤去した。その他，年に4回，会報発送作業のボランティアを行う形で会と関わっている。

1)　「すすめる会」の理念に関わる理由
①　自由な生き方と「家」の重圧感

　Mはこれまで10年以上を外国で暮らしてきた。大学で日本語教育を専攻し，アメリカで1年間日本語教師を勤めた。その後さらに進学し，日本語教育で修士号を取得した。

　日本に帰ってきてから会社に就職したが，結婚を機に会社を辞めた。その後は正社員として働くことはなかったが，機会がある度に好きな仕事をしながら暮らしてきた。

　夫が3年間イギリスに赴任した際は，日系企業で日本語を教え，航空会社の地上職員として勤めた。帰国してからは日本語教育専門家の資格を取ってオーストラリアに3年，ニュージーランドに3年間と単身赴任したという。夫は，女性は家にいないといけないと考えている人ではなく，家事もできたので，単身赴任しても支障はなかった。

　Mは，「運命的に煩わしいことなく自由に生きてきた」という。ただ，墓の世話をすることは，Mにとって唯一の「煩わしい」ことであった。自分が家の唯一の後継者であり，墓に対する義務を果たさないといけないという事実に関して，なんとなくもどかしさを感じてきたという。会を通して，墓を建立し世話をすることが当たり前ではないことを知った時，「やっぱり」と思い，ホッとしたという。

2)　墓の購入と継承に関わる問題
①　墓継承者への配慮

　Mには二人の息子がいて，それぞれ結婚しているため，墓の継承者がいな

いわけではない。またMの実家の墓に関しても，Mの夫の意向で，次男がMの母の養子となって苗字を受け継いだので，墓の継承上の問題はなかった。しかし子供たちは墓に興味も馴染みもないので，迷惑をかけたくないという思いで自然葬を選んだ。

Mは，実家の墓は自宅から近いにもかかわらず，子供たちを墓に連れていくことはほとんどなかった。M自身，墓が嫌いだったためである。新潟県にある夫の実家で墓参りをすることはあったが，数年に一回程度であった。

3）その他の理由
① 墓に関する否定的な思い出

Mの父親は，Mが8歳の時に病気で亡くなった。M自身の悲しみもあったが，周りの大人たちが悲しみ騒いでいたことを未だに覚えている。その辛い記憶を墓から連想してしまうので，墓に行くのはずっと嫌いだったという。

1－6　Uの語り

Uは，1949年東京生まれの女性である。1994年に入会し，2013年まで理事を勤めるなど，積極的に会に関わっている。自分の自然葬を希望していたが，再婚した相手の影響でカトリック信者になり，教会の合同墓に入る予定である。その合同墓は，骨壺に入れるのではなく，合同墓石の下に骨を埋めるだけなので，土に返るという意味で，一種の「自然葬」だと考えている。

1）「すすめる会」の理念に関わる理由
① 画一性に対する反発

Uは，墓に入ることだけが前提とされている現状は「民主的ではない」と思っているという。自分のコンサートで自然葬を紹介し，葬送基本法運動に積極的に参加しているUは，「正しいことをやっている」という感覚を常に持っている。このような感覚は，大学時代の学生運動以来，久しぶりに感じるものだという。

② 寺への不信感

1994年、弟と父親が立て続けに亡くなり、墓を購入した寺で葬式を行った。Uは、肉親を亡くして取り込んでいて、葬式の費用と布施を準備することを忘れていたという。後日に金を振り込むというUに対して住職の妻は、「当日に現金で払うのが常識でしょ？」と怒った。金儲けだけを考える寺に反発を覚え、「なぜ坊さんを呼んで葬式をしないといけないのか」という疑問をもちはじめたところ、安田会長が朝日新聞に同様の内容を書いているのを見てすぐ入会した。

2) 墓の購入と継承に関わる理由
① 墓の購入と継承に対する不安

Uは、大学の部活をきっかけに、ジャズシンガーとしての人生を送ってきた。Uは結婚をせずに音楽に打ち込むつもりでいたが、マネージャーとの間に息子を授かり、結婚することになった。しかし、数年で離婚し、一人で子供を育ててきたという。

離婚しているので、自分が墓に入るためには新しく購入しなければならないが、一人息子も歌手としての道を進んでいて、自分の生活を維持するのに精一杯だという。そのような状況にある息子に墓の面倒まで見させる訳にはいかないと思い、自然葬を望んだ。

ただ、Uは50代で初恋の人と再婚し、カトリック教徒である彼の説得で洗礼を受けた。それでも自分は「まったくの無神教」だと思ってはいるが、ガンで亡くなった夫がすでに教会の合同墓に入ったので、自分もそこに入る予定である。

3) その他の理由
① 墓のカロウトに対する拒否感

Uは、墓のカロウトの中を見た衝撃で、墓には入りたくないと思ったという。Uには、生後間もなく亡くなった姉がいて、母方の墓に埋葬されていた。Uの両親は父方の反対を押し切って結婚したため、姉の遺骨は父方の墓には

埋葬できなかったのである。それを、父親が墓を購入したのをきっかけに、新しい墓に移した。その時に母方の古い墓を開けたら、ジメジメして虫が湧いている光景を目撃し、墓に入るのは「生理的に無理」だと思ったという。また、カロウトの底が石で囲まれて、時間が経っても骨が土に帰らない構造にも疑問を感じた。

ただ、Uはこのような自分の「生理的な」拒否感に矛盾を感じている。骨はただの物質に過ぎないので、死後、自分の骨がどうなろうと関係ないはずだと思っているからである。またUは、墓に死者がいると思わないため、両親の墓参りにもほとんど行ったことがない。しかし他の親戚から両親の墓が荒れているということを聞くと、どうしても気になってしまう。自分で矛盾だとわかっている。もっと勉強するために、「すすめる会」に出入りしているという。

1−7　Oの語り

Oは、1945年に仙台市で生まれた女性である。1992年に入会し、夫の自然葬を行った。さらに自分の自然葬も望んでいる。東北支部のボランティアとして、支部の運営や自然葬の立会いなどを行っている。

1)　「すすめる会」の理念に関わる理由
①　不条理さへの抵抗

Oは、自然葬ができなかったり、制約されたりする状況は「おかしい」と思い、会の運動に積極的に関わっている。

彼女は「おかしいことはおかしいと言う」人生を生きてきた。3年に一度転勤を続ける夫と全国で暮らしながら、何かの問題に会う度に改善しようとする努力をしてきた。Oは専業主婦だったので、地域の環境保全、交通安全、子育て支援など、暮らしに関わる事案にぶつかることが多かったという。役所に抗議しても変わらないものは、住民の集まりを組織することもあった。「ものをはっきり言う」自分の性格は、8歳の時に両親が離婚し、それから長女として兄弟の世話をするうちにできたものかもしれないという。

2） 墓の購入と継承に関わる理由

Oは，墓の購入と継承に関わる理由はほとんど語らなかった。ただ，Oには一男一女の子供がいるが，墓の面倒をみるような立場ではない。Oと仲のいい娘は，カナダ人と結婚して現地に住んでいる。息子も国際結婚をして東京に住んでいるが，息子の妻とOは仲が悪く，息子とも何年も会っていない状況であるという。

3） その他の理由
①　墓のカロウトに対する拒否感

Oは，中学生時代にいつも通っていた寺の墓地で，荒れた墓のなかに骨が転がっているのを目撃した。その経験がトラウマになって，「きれいに何も残さない」自然葬のようなものを想像していた。Oは，ボランティアをしていたデイサービスで会の存在を知って入会し，夫の自然葬を行った。

1-8　Hの語り

Hは，1933年，千葉県生まれの女性である。自らの自然葬を希望して1993年に入会し，2013年まで自然葬の立会いや，事務作業を手伝うボランティア活動を続けた。

1）「すすめる会」の理念に関わる理由
①　不当なことに対する抗議

Hは，不当なことは不当と言い，社会をよくするために行動を起こすのが妥当だと思っている。そういう意味で，自然葬をここまで広めてきた安田会長を尊敬し，運動に協力してきた。

Hは，9人兄弟の長女であったため，中学校を卒業してから仕事をしてきた。ハウスキーパー，夜間学校での助手などを経て，最終的には私立学園の事務として長年働いた。また，結婚後，大型スーパーマーケットのパートタイムで働いていた。彼女は仕事をしている間も，不当なことには常に抗議する行動を起こしてきたという。特に，スーパーマーケットでは，パートタイ

ム労働者も，労働条件改善や労働組合への加入ができるように活動をしていたという。その他，日常生活においても，団地の住民会活動やボランティア活動は欠かせなかった。共産党から声がかかったこともあるが，一人で興味が湧く活動をするのが向いているという。

2) 墓の購入と継承に関わる理由
① 離婚による墓の購入問題
Hは，職場に出入りしていた一つ年下のグラフィックデザイナーと30才で結婚し，一男二女を生んだ。彼と結婚した理由は，やさしい人だったからだという。結婚前，彼はデートに一時間遅刻したことがあった。お母さんの大掃除を手伝うためだったという。Hは，家のことを大切にするやさしい人だと思い，好感をもった。結婚してからは家事を手伝うことはあまりなかったが，子供と遊んだり出かけるのが好きなやさしい父であった。しかし夫の過飲を理由に，長女が高校生の時に離婚した。今は自分もお酒を飲めるし，酒飲みに対する理解があるが，その当時は許せない部分が多かったという。

その夫が酔っぱらったまま風呂で亡くなったことをきっかけに，Hも自分の墓について考え始めた。離婚した身なので墓を自分で工面しないといけなかったが，わざわざ自分のために墓を買う必要性を感じなかった。そこで他の方法を調べているうちに自然葬にたどり着いた。

3) その他の理由
① 死んだら無になりたいという願望
Hは，死んだら無になりたいという願望を語る。その理由については自分でもはっきり説明できないが，いつごろからか，両親の命日に集まって法事などの行事をする時，男たちが仕事は何もせずに飲んで騒ぐことに嫌気がさしたことが，原因の一つだという。誰にも迷惑をかけず，また騒がれることもなく，静かになくなりたいという。

第 2 節　小結

　以上で，個々人が語る自然葬を選んだ理由，または自然葬普及活動に参加する理由を検討してきた。そこには墓にまつわる慣習を拒否する様々な意味づけがあった。

　まず「すすめる会」の理念にかかわる理由からみると，会員たちは，「すすめる会」の理念を個別的な経験の上で再解釈しながら，自然葬の意味を作り上げていることがわかる。「すすめる会」の理念は，個別的な経験から生まれた疑問や不満を言語化し，正当性を担保する役割を果たしていた。それは，「すすめる会」が，死後の自己決定権の確立や環境保全という公共的な目標を掲げているからこそ可能なのである。さらに，正当性が担保された個別的な自然葬の意味は，親戚の反対など，会員たちを取り巻く圧力に対抗する手段となり，一方では，慣習的な考え方との間で戸惑う会員自身を慰め，納得させる役割を果たしている。

　例えば，「家」に従属的な女性の地位への不満が，死後の自己決定権と結びついたケースとしてAとBが挙げられる。Aは，義理の母親の葬式で不条理を感じていたところ「すすめる会」に出会い，「二度とこんなことが起こらないように認識を変えたい」という目標をもつようになった。これは，「人の役に立ちたい」という自己実現の願望や，魚の餌や土の肥料になり生態系の役に立ちたいという自然回帰思想を満たすものでもあった。このように創出された自然葬の意味は，A一人では不可能であった「古い田舎の人間」への対抗を可能にした。Aは，「ちゃんとしたところで」夫を葬ったということを示すために，自然葬実施証明書を取得しようと思っているのである。

　Bは，義理の両親の墓のトラブルで感じた，葬送儀礼における女性の従属的な立場への違和感を，「先祖代々の墓はウソ」という死後の自己決定権の理念に基づいた言説に出会うことによって言語化することができた。その後，家制度におけるジェンダー役割の認識を変えるという意味づけをもって，

「すすめる会」の活動に取り組んでいる。ただ，Bは親戚付き合いがほとんどなかった成長環境の故，慣習に基づいた圧力をほとんど受けず，内面的な葛藤もあまり感じていない。むしろBにとって自然葬は，「進歩的な」ものとしての意味をもち，新しいものをいち早く取り入れるという自己像の実現に役立っている。

また，「家」の墓の永続性に重圧を感じ，それを断ち切る際に「すすめる会」の死後の自己決定権の理念を応用したケースとしてMがある。Mは，外国で10年以上暮らすなど，「運命的に煩わしいことなく自由に生きてきた」が，実家の墓の継承者として負担を感じていた。そこで「すすめる会」の「家」の墓に対抗する死後の自己決定権の理念に出会い，整理がついたのである。MもBのように周りからの圧力はなかったが，墓の継承者という義務感から生じる葛藤が解決したため，「ホッとした」のであろう。

その他Kは，特に死後の自己決定権につながるような語りは見られないが，由緒ある家の継承者としての重圧感や，悲運の歴史をたどった「Kの家の痕跡を消したい」という思いで自然葬を選んでいる。それまで「先祖は墓にいて，子孫はそれを守る」という考え方を当たり前と思ってきたKが，その代わりとなる意味を見出したのはエコロジズムであった。大好きな自然に役立つという公共的な価値は，Kにとって一種の慰めになっているのかもしれない。このようなエコロジズムに基づいた環境的価値や，生態系に回帰していくという考え方は，ほとんどの事例において見られる意味づけである。

また，学生運動の経験を語るA，Uや，住民運動の経験を語るO，Hは，死後の自己決定権の理念に通じる，「個人の自由」という権利の追求を，自然葬から見出している。戦後民主主義が風靡した時代に若者であった彼らは，権力への高い批判意識をもっていた。そのような彼らは「すすめる会」の問題提起，つまり現在の葬送儀礼のあり方は死後の自己決定権という人権を侵害しているという意味に出会い，運動に取り組むようになったのである。墓に入ることだけが許される現状を，Uは「民主的ではない」，Oは「おかしい」，Hは「不当」と表現した。このような意味づけをする彼らは，「すすめる会」の運動への参与度が高く，全員が理事かボランティアを勤めていた。

第4章　実践としての自然葬

　第3章で検討したように，会員たちは「すすめる会」の理念を個人的な経験の上で再解釈し，その意味付けにつながるような自然葬像を内面化していた。これらは，基本的には自らの死を想定して語られたものであるが，会員たちの死への態度を反映しており，身内の自然葬を主導的に実施する際も，同様の態度を維持しようとすることがうかがえた。

　本章では，会員たちに内面化された理想的な自然葬が実際にはどのように具現されるかを見ていく。その際，第2章で検討した理念としての自然葬と対比させるため，遺体処理，社会関係，告別と追悼の側面に分けて実際の自然葬がどのように行われているかを記述する。

　ただ，第3章で検討した8人の事例のなかで，筆者が自然葬の三側面のうち，全てを直接観察できた事例は限られている。ここでは，臨終から自然葬，その後の追悼までを詳しく調査することができたIの事例を先に検討し，論点を提示する。その論点を中心に，自然葬の意味付けの検討までは至らなかったが，自然葬の現場で出会いインタビューに応じてもらった会員たちの事例を1節から3節に記述する。

【Iの事例】
　Iの「すすめる会」の理念につながる自然葬への意味付けとして，遺骨を物質としてみなす，「家」を前提とする祭祀供養に対する疑問，形式にこだわらない簡素な追悼方法の追求，世界旅行への憧れがあった。遺骨を物質としてみなすことは，墓を作らないという遺体処理としての側面と，特別な儀礼は要らないという告別・追悼の形に影響していた。また，「家」を前提とする祭祀供養に対する疑問，形式にこだわらない簡素な追悼方法の追求も，仏教式の祭祀・供養と墓参りに代表される追悼行為の拒否につながっている。

類としては，死後の自己決定権の具現である本人契約が好まれる傾向にあった。一方，粉末化と散骨においては，意思決定と同様，家制度，檀家制度，そして商業主義の影響を排除し，実際に故人と親しかった家族・親戚，知人だけが参加することが望ましいとされる。

　Iの夫の場合，Iを経由して自然葬を知ったが，自ら自然葬を希望することになり，本人契約を結んでいた。長女夫婦と次女夫婦も自然葬に賛成し，親戚からの反対もなかった。Iの夫は8人兄弟のなかの7人目であり，引き継ぐ墓も檀家関係もなかった。一方，故郷の甲信越地方から東京に出てきてから兄弟同士の付き合いも少なくなり，現在は亡くなった兄弟も多い。Iは夫の別れ会と自然葬がすべて終わってから故郷の親戚たちに知らせたという。粉末化については，既述の通り，「気味が悪い」ということで「友好団体」に依頼している。また散骨に関しては，I，長女夫婦，次女夫婦，甥夫婦，そして筆者と「友好団体」の理事が参加し，ほとんど親密な家族だけで自然葬を行ったとみなすことができる。なぜなら，筆者は生前からの親交もあったが，調査者としての立場を考慮してもらった面があり，「友好団体」の理事は，粉末化した遺灰を持参してくる役割の方が大きかったからである。
Iの夫は，ほぼ「すすめる会」の理想通りの社会関係のなかで自然葬に付されたように見える。しかし長女と次女は，親戚を排除したことについて不満を抱いている。親戚たちはIにとっては他人かもしれないが，父親には肉親であり，自分も仲良かった叔母叔父や従兄弟たちがいるということであった。さらに次女は，普段からIが物事を決めて夫はそれに従う傾向にあり，人生の締めくくりである今回さえも同じであったという。昔から親戚付き合いが苦手であったIが，「すすめる会」を通して良い口実と方法を見つけたと，次女は思っている。

　また，親しい家族だけでできたのは，事前に弟子と後輩たちで偲ぶ会を済ませたからという側面もある。大げさで虚礼の多い葬式はしたくないと語っていたIは，偲ぶ会については肯定的ばかりか，誇らしげに語った。夫の出身地域の有名な寺の住職である弟子が偲ぶ会を企画し，さらに彼のおかげで地方新聞にIの追悼記事が載ったということであった。地元の旅館で開かれ

葬に備えた。まず横浜の甥夫婦から送られてきた 30 本のカーネーションの一部と，20 年前に住んでいた地域のクリーニング屋の人がわざわざ持ってきてくれたという菊が優先的に摘まれた。I は，菊は葬式を連想させるので好きではないと言ったが，I の夫を尊敬してくれたクリーニング屋の人からもらったからだという理由で選ぶことにした。その他には，I と次女が買っておいた花のうち，まだ元気なものが選ばれ，次は長女が置いていった黄色いバラが，枯れかけているにもかかわらず摘まれた。一方ワインは，夫の弟子が送ってくれた，彼らの出身地域で作られたワインであった。前日の夜，I と長女夫婦，次女夫婦，筆者で食事をしながらそのワインを飲んだが，I は少しだけを取り，テーブルの一角においていた。それを自然葬の当日に撒いたのである。

すべてが撒き終わると，船長が故人を追悼するベルを 3 回鳴らしながら，遺灰を投げ入れた場所の周りを 3 回まわった。みんな「あそこにまだ花が浮いている！」と言いながら，花が流れていく方向を見つめた。

一方，散骨後の追悼行為としては，夫の一周忌と二周忌の命日に食事会を開き，三周忌には散骨を実施した横浜を訪れた。実施場所まで行くかどうか迷ったが，「海はどこにもつながっている」ので，海辺にある自宅近くの，夫ともよく行っていた蕎麦屋（一周忌），イタリアンレストラン（二周忌）を選んだ。一周忌には家族と筆者，「友好団体」の理事が参加して，I の夫の生前の写真集を見ながら思い出話を聞いた。二周忌には，写真もなく，ほとんどお互いの近況や世間話であった。三周忌には，散骨実施日を祈念し，I と次女夫婦が散骨を行った横浜港を見下ろすホテルのレストランで食事をし，宿泊したという。

その他の追悼行為としては，故人が使っていた机の上に自然葬実施証明書，遺影，思い出の写真，故人が書いた著書，弔電，アロマランプなどを飾っている。自然葬の前は，実施証明書がある場所に骨壺が置いてあった。I は，机に水，季節のもの（2013 年 9 月初めに訪れた際は，山梨から送られてきたという巨峰が供えられていた）やいただきものなどを供えている。机の下には，包装米飯が 3 パックおいてあった。それだけでなく，ほぼ毎食，I 自身が食べ

あると考えられる。遺灰をどのぐらい，どのような場所に撒くか，そして粉末化を自ら行えるかどうかは，遺骨を死者の依り代とする感覚の有無と，遺骨への態度によって左右される。

　Ｉが遺骨および遺体をただのものとして扱えない傾向は，粉末化以前の段階においても見られた。以下は，Ｉの夫の死から火葬までの状況である。

　Ｉの夫が朝から血を吐いたため，Ｉと次女夫婦は主治医に連絡し，自宅まで来てもらった。主治医は，症状の原因がわからないといい，病院に行って検査を受けることを勧めた。しかし，延命治療をしないつもりでいたＩの夫は，病院に行くことを拒否した。Ｉと次女夫婦は検査が終わったらすぐ連れて帰ると彼を説得し，病院に出向くことになった。しばらくして救急車が来たが，Ｉは，自分は血が繋がっていない他人だからと言い，一緒に乗らなかったという。病院には次女だけが同行することになった。

　病院に着いた次女は，検査について説明を受けていたが，そのうちＩの夫はいきなり息を引き取った。それを聞いてＩと長女夫婦も病院に駆けつけた。医者はＩに，献体予約のことを想起させ，これから夫の遺体を献体先の病院に搬送してもいいかと尋ねた。それに対してＩは，家に連れて帰ると約束したといい，献体を取り消した。

　Ｉは「すすめる会」の友好団体に連絡し，近くの葬儀業者を紹介してもらった。そして夕方，霊安室から自宅に遺体を運んだ。遺体は，故人が普段から使っていたベッドに特殊シートを敷き，ドライアイスを置いた上で安置された。葬儀業者が北側に頭をおこうとするのを，Ｉは普段通りの南向きにしてもらったという。遺体は花などが供えられることはなく，ほぼ普段通りに寝かせられていた。火葬するまでの4日間，葬儀業者が毎日ドライアイスを取り替えに来た。

　火葬では，学者である故人が愛用していた万年筆を入れようとしたが，金属類は許可されなかったため，背広と鉛筆を入れた。火葬後の骨あげでは，Ｉだけが骨を拾わなかった。自分は他人である上に，「骨を箸で拾うなんて，とんでもない，いや」だからと言う。

　Ｉは，夫の死に直面しては，献体を取り消し，遺体を自宅まで運んでくる

ほど遺体にこだわりを見せ，また夫を意識的に生者のように扱おうとする様子が見られた。これは，突然の死を受け入れられないことから起因している可能性もあるが，自然葬実施まで遺骨に対して供え物が行われたことから，遺体-遺骨も遺影，思い出の写真などとともに死者の依り代と認識されていることがうかがえる。Ｉは，遺体――遺骨に霊魂は宿らないと考えようとしつつも，それにとらわれていた。それでもＩが遺灰の全量を撒いたのは，「人間は死んだらゴミ」なので墓は要らないという考えがありつつも，遺骨が夫の死を連想させる辛いものであったからかもしれない。次女は，救急車での搬送から骨あげまでＩが取った行動について，夫の死に対面しようとしない行動であると解釈した。

　一方，社会関係においては，Ｉの夫の死後の自己決定権が尊重され，散骨への参加者もほぼ親交のある家族・親戚に限定された。死後の自己決定権の実現を可能にした条件は次の二つがあったと思われる。一つは，親戚の年齢と居住地域である。Ｉの夫の場合は，兄弟の大半が高齢で亡くなっており，残った兄弟の家族とも上京してから疎遠になっていて，反対されるような状況は成立していなかった。二つは，実施者の意志の強さと家族関係における影響力である。Ｉは自らの自然葬も望んでいるほど夫の自然葬の意志を強く支持し，自然葬が終わってから親戚に知らせることで反対される可能性を遮断していた。また，親戚を排除したことで娘たちに反感を買っているが，それでも強行できるほどの影響力をもっていた。ただ，娘たちの反発はこれまでの家族史に基づいており，自然葬後の家族関係にも影響が残ることが予想される。

　一方，散骨の参加者を家族だけに限定できるかどうかは，故人の年齢と職業，そして散骨以前にどのような儀式を行ったかが影響すると考えられる。故人が高齢の場合，会社など対外的な関係が薄れていることが予想されるが，Ｉの夫の場合は次世代の指導に携わるような仕事柄であった。そのため，Ｉの死を偲ぼうとする弟子，後輩たちがいたが，彼らは別途，偲ぶ会を開いた。そのため，散骨，そして葬式も家族だけで行うことができたと思われる。

　また，散骨への参加者と偲ぶ会の参列者たちは，従来の血縁のように拘束

力のある関係ではなく，Ⅰが主体的に選んだ関係であることが注目される。散骨においては，家族・親戚の中でも続柄にかかわらず親交のあった甥だけが招待された。また，偲ぶ会の参列者たちとの関係も，社縁ではなく，選択縁に近いものである。夫は教職には就いていなかったため，参列者たちは一時的に指導したことがあるか，学問的交流があった人たちであった。またⅠにとっても彼らと夫の関係は，夫の学者としての功績を確信させてくれる存在であったと思われる。Ⅰは普段から学者としての夫を尊敬しており，筆者に対しても夫の業績を誇らしげに語ることが多かったが，この点からも同様のことがうかがえる。

　告別と追悼は，散骨時に花，酒を撒く，命日・散骨実施日に食事会を開くか散骨した場所に出かける，故人の机で供え物，声かけなどの行為をするなど，従来の儀礼と類似した側面が見られた。特に追悼行為においては，墓参のような屋外での追悼と仏壇祭祀のような屋内での追悼行為があり，構造的に類似している。

　これは，遺骨と霊魂の関係に対する考え方，そして霊魂の行方のイメージと関係がある。Ⅰは，「死んだら世界旅行をする」というもの以外に霊魂についてあまり語ることがないが，屋外と屋内での追悼行為から，なんらかの霊魂の行方に関するイメージをもっていることがうかがえる。ただ，それは流動的であり，その時々の追悼行為に影響を及ぼしていた。例えば，Ⅰの語りにおいて霊魂は「世界」に行くことになっているが，実際には「どこにでもいる」ような感覚もあり，一周忌と二周忌に自宅近くで食事会を開く根拠となった。また，自然葬実施証明書，遺影，その他の故人と関係のあるものが飾ってある故人の机の周りにいるような感覚もあり，供え物・声かけなどの追悼行為につながっている。また実施場所にいるという感覚は，一周忌と二周忌の食事会の場所の悩みの原因になり，三周忌の時は実施場所に向かう結果をもたらしている。

　ただ，追悼行為の詳細は，仏教式などの形式にかかわらず，心のこもった行為であるかどうかが重視された。告別については，なるべく仏教色が排除されたもの，選択縁の関係にある人々からもらったものが念入りに選ばれて

いた。また追悼に関しては，日常的な食事会が命日・散骨実施日の行事になったり，線香とロウソクの役割がアロマランプに代替されていた。

　以上，Ⅰの事例を検討した。しかしこれは一例にすぎず，筆者が観察，あるいはインタビューを通して接した自然葬は，様々な形で行われていた。Ⅰの事例分析から考えると，それらは次のような条件に影響されることが予想できる。撒かれる遺灰の量と散骨実施場所は，遺骨を死者の依り代とする感覚の有無と，遺骨および死への態度によって左右される。また，死後の自己決定権が実現できるかどうかは親戚の年齢と居住地域，実施者の意志の強さと家族関係における影響力にかかっている。また，散骨の参加者を家族だけに限定できるかどうかは，故人の年齢と職業，そして散骨以前にどのような儀式を行ったかということが影響する。告別と追悼の様相も遺骨を死者の依り代とする感覚があるかどうかと，霊魂の行方のイメージによって様々である。

　以下では，このような論点を念頭におきながら，多様な自然葬実践を検討する。

第1節　遺体処理

1−1　焼骨の粉末化

　理念型の自然葬では，粉末化における対面性が強調され，①身内・知人などの縁者が追悼の気持ちをもって（実施者），②故人ゆかりの道具で行う（実施道具）というモデルが提示されていた。以下では，実施者と実施道具について実例を検討する。

1）実施者
①　故人の縁者が行ったケース

　粉末化を，故人の縁者が行うことは少なくない。ただ，その場合においても，追悼の気持ちで行ったケースとそうでないケースがあった。

例えば，追悼の気持ちを持って行ったケースとして，母親の遺骨を粉末化したSは，「もう（母の死は）終わったことだと思っていたが，もう一度蘇ってくる」，「これも供養の一つだと思う」と述べた。父親の遺骨を粉末化したDは，最初はおそるおそる遺骨をつぶしていったが，やっているうちに父親への愛おしさが手を通して伝わってきたという。その他，両親の遺骨を粉末化したEは，夫と娘と代わる代わる遺骨を叩きながら，「供養の気持ちを込めて，マーラーの10番の交響曲を流し続けた」という。

それに対して妻の遺骨を粉末化したNは，「粛々と妻の死と向き合う」気持ちで，金槌とふるいを使って粉末化を行ったが，数日経って紙に包むために骨壺を開けてみたらピンク色のカビが生えていて衝撃を受けた。妻のことを思いながら作業をしたのに，現実を突きつけられた気分だったという。Nはできるだけカビをとってシリカゲル，竹炭などを入れた。夫の遺骨を粉末化したFは，心の中で「ごめんなさい」といいながら金槌で骨をつぶしていったという。また，夫の遺骨を粉末化したGは，娘と一緒に夫の遺骨を粉砕するつもりであったが，最後まで手が出せず，娘一人で済ませる形になった。

② 業者に依頼したケース

業者に頼む理由としては，骨が固い，骨が多い，遺骨は「ただのもの」なので，手間をかけて自分でやる必要はない，遺骨を砕くことに抵抗を感じるなどの意見があった。

夫の遺骨を粉末化したAの事例では，物理的な大変さのため素人の手で細かくすることの難しさがうかがえた。夫の遺骨は自分の手で砕きたいという気持ちがあったAは，住んでいるマンションの床に新聞紙や古着などを敷いて金槌と金属でできている卓上時計の台で叩いてみたが，骨が固くてほとんど粉にできなかったという。途中で床が壊れるのではないか心配になったので屋外の駐車場に出て，人の目を気にしながら布に包んだ遺骨を叩いたが，それでもうまくいかなかった。Aは，夫が当時66歳でまだ若かった上，闘病生活も3ヶ月ぐらいで短かったため骨がしっかりしていたのではないかと

推測する。作業が大変で「とてもじゃないけど供養という気持ちにはなれなかった」という。

　また，両親の遺骨を粉末化したB，両親と祖父母の遺骨を粉末化したMは複数人の骨を粉末にしないといけなかったため，友好団体に依頼したという。さらにBは，遺骨は「ただのモノ」なのでわざわざ自分の手で粉末化する必要を感じず，業者に出したと説明した。

　ただ，Bからは遺骨を「ただのモノ」と徹底できていない様子もうかがえる。Bの父親は1997年に，母親は2004年に亡くなった。7年間，父親の遺骨は一人暮らしをしていた母親が保管していたが，母親も亡くなる1年前ぐらいから入院してしまった。Bは，父親の遺骨を引き取ろうと思ったが，夫と義理の母と同居していたため，自宅に持ち帰ることはできなかったという。そうかといって父親の遺骨を誰も住んでいない母親のマンションにおいておきたくなかったため，年間1万円で保管してくれる業者に預けた。

　また，母親が亡くなってからも，マンションの売却などの身辺整理に時間がかかって，粉末化と自然葬の実施まで約1年間の期間が空いた。その間，Bは母親の遺骨を母親のマンションのリビングのテーブルにおいておいた。母親は生前によくリビングのソファに座ってテレビを見ていたため，そこにおいておくのがしっくりきたという。片付けでマンションに行く時は，母親が好きだった饅頭を買って，骨壺の前においておくこともあった。

　その他にも，遺骨を砕くことに抵抗を感じるという声は，会報に度々登場している。

　　　本会に入ってずっとこころに重くのしかかっているのが，焼骨を砕くという行為のことである。案内によると，故人のことを思いながら静かに粉にしていくのだという。具体的にはどのようにするのだろう。（中略）……もしそれをしなくてはならなくなったら，私は涙を流すだろう。「ごめんなさい。あなたを突きくずすのでも叩きつぶすつもりでもないのよ」と。
　　　　　　　　　　　　　　　　　　　　　　　［『再生』第45号：23］

上記の引用では，自ら砕けない理由として，遺骨から故人の人格を見いだすことが考えられる。遺骨を故人の依り代として認識するため，自分の手でさらに破壊するのに抵抗があるようである。はっきりした言葉として語られてはいないが，Wも「家内の骨を自分で潰すのは…」といい，同じような理由で抵抗を感じていることがうかがえた。

2）　実施道具
①　故人ゆかりの道具を使ったケース

故人ゆかりの道具で粉末化を行ったケースは，妻の遺骨を粉末化したN，Cしかいなかった。Nはバスタオルに包んだ骨を金槌で大まかに砕いた後，妻が愛用していたコーヒーミルでさらに細かくした。Cは，妻が愛用していたポテトマッシャーを利用したが，骨はもろくて，軽く押すだけで簡単に砕けた。頃合いをみて，金網のザルでふるった。これを数回繰り返し，最後の少量はかまぼこ板にはさんで押し，米粒以下の大きさにした。ただCは，粉末化の感想として，できれば火葬時に高温で焼いて最初から粉になっていた方がいい，または引き取る際の分量を調整できる方がありがたいと語り，作業の大変さがうかがえた。

②　実用的な道具を使ったケース

ほとんどの粉末化で，槌，乳鉢，ふるい，ザルなどの，叩いたりふるったりするのに適した道具が使われた。

Sは，骨を少しずつ小分けして台所用保存袋（ジップロック）に入れ，木槌で大まかに砕き，金槌でさらに細かくした。骨は柔らかく，木槌で砕いた時点ですでに5ミリ以下になり，金槌で軽く砕いたらほぼパウダー状になった。ただ，台所用保存袋に入れて砕いていたら，気づかないうちに穴が開いてしまい，お盆とその周りに骨粉が飛び散った。Sは，最後にそれらを掃除機で吸い取った。

Dは，粉末化のために大きめの乳鉢を購入した。骨を少しずつ乳鉢に入れて，乳棒で押しつぶし，ある程度細かくなったらごますりをするような感じ

で乳棒をまわした。それをふるいにかけてまだ大きい粒は細かくなるまで乳棒ですった。

　Eは，板の上に紙を敷き，手袋，マスクを着用して木槌で叩き，少しずつふるいにかけていく方法で粉末化を行った。少し大粒だったため残した骨は，そのまま骨壺に納め，供養を続けているという。

その他の事例においても，新聞紙・バスタオル・洗濯ネットなどで包んだ遺骨を叩いたり押しつぶしたりして大粒をなくした後，さらに叩く・摺るなどの方法で細かくしていく方法が用いられていた。場合によってはふるいにかけてより均一にしていくこともある。

　Ｉの場合と同様，多くの場合において遺骨は故人の人格，または死そのものを想起させていた。また，それと向き合う姿勢によって，追悼の気持ちで自ら粉末化を行えたり，あるいは故人を叩きつぶすように感じて行えなかったりする。また遺骨に向き合う姿勢は，実施道具として故人ゆかりのものを選ぶか，実用的なものを選ぶか否かにも影響を及ぼすと考えられる。たとえば会報には，故人が使った道具ではなく，むしろ専用の道具を使った方が抵抗が少ないという感想があった。この場合においては，遺骨に対して故人ではなく，客体的なモノとして接することが，粉末化という一種の破壊行為を容易にするのであろう。

　一方，遺骨は固い・柔らかいという性質をもち，飛び散ったり，カビが生えたりする物質でもある。故人の縁者が直接行えるかどうか，また故人ゆかりの道具で行えるかどうかは，固い・やわらかいという性質，あるいは骨の形状によって左右される。なお，遺骨が故人を想起させるとしても，飛び散ったら掃除機で吸い取り，生えたカビは取り除かなければならない。

　粉末化は，自然葬実施のために必ずやるべき物理的な遺骨処理行為でありながらも，故人，または死そのものと対面する過程である。したがって，縁者が追悼の念をもって故人ゆかりの道具で遺骨を叩くという粉末化の理想も，故人の人格と死に向き合う姿勢や，骨の固さと形状という物性によりその実現の如何が分かれ，多様な形で行われている。

以上で取り上げた事例と，その他，筆者が観察・インタビューした事例をまとめると以下の（**表4-1**）ようである。

表4-1　焼骨の粉末化：実施者，実施道具

名前 （故人の続柄）	実施者	実施道具
N（妻）	N	金槌，妻が愛用していたコーヒーミル，ふるい
C（妻）	C	妻が愛用していたポテトマッシャー，金網のザル，かまぼこ板
S（母親）	S	木槌，金槌，台所用保存袋（ジップロック）
D（父親）	D	乳鉢，乳棒，ふるい
G（夫）	Gの娘	金槌，洗濯用ネット，バスタオル
O（夫）	O，娘，息子	金槌，乳鉢，乳棒，ふるい
T（両親）	T	布の袋，金槌
F（父親）	F，Fの従兄弟	金槌，新聞紙，布
E（両親）	E，Eの夫，娘	木槌，ふるい
A（夫）	A，友好団体	金槌，金属でできた卓上時計の台，新聞紙，古着。遺骨が固かったため，途中で友好団体に依頼。
B（両親）	友好団体	なし
M（祖父母，両親）	友好団体	なし
I（母親）	友好団体	なし
Y（夫）	友好団体	なし
W（妻）	友好団体	なし
J（弟）	友好団体	なし

1-2　散骨

理念型の自然葬では，①遺灰の全部を撒いて墓を作らない，②特定の固定的な空間認識をもって遺灰を撒かないというモデルが提示されていた。①に

関しては，それぞれの事例において撒かれた遺灰の量を，全部，ほとんど全部，一部に分けて示す。②に関しては，特定の空間認識をもって散骨を行っているか否かを判断するために，場所の選定理由を聞いた。

1）遺灰の量
① 遺灰の全量を撒いたケース

遺灰の全部を撒いた例のなかでは，ただ遺骨を残す必要がないと思う人と，死後に対するイメージに基づいてそうしている人に分かれた。

母親の遺灰を撒いたSと両親の遺灰を撒いたTは，「遺骨を残すという発想がなかった」という。祖父母と両親の遺灰を撒いたMと弟の遺灰を撒いたJは，「残してどうするの？」と聞き返した。一方，父親の遺灰を撒いたFは，「（死んだら）肉体は自然に還るのが自然」で「霊はまた生まれ変わる」と思ったので自然葬を選択し，遺灰を残さなかったという。

それに対して父親の遺灰を撒いたDは，遺骨を残そうとも思ったが，自分の死後の始末をする人に迷惑がかかると思い断念したという。

② 遺灰のほとんど全部を撒いたケース

遺灰のほとんど全量を撒いたが，少しだけ残しておいた会員たちは，遺骨を残した理由について次のように語った。

夫の遺灰を撒いたAは，夫の生前に共に旅行した場所に出向き，遺灰を少しずつ撒いている。まだ自宅に遺灰が残った状態であるが，最終的には少量だけを残して，自らの死後に一緒に撒いてもらおうと思っている。

両親の遺灰を撒いたBは最初，遺灰のすべてを撒くつもりであったため，粉末化した遺灰を参加予定人数の24等分に包んでもらった。しかし台風のせいで自然葬が一週間延期され，当日には2人の友人が来られなくなった。その結果，二つの遺灰包みが残ってしまい，そのうちの一つをBが海に投げ入れた。もう一つも一緒に撒こうとしたが，「急に寂しくなって」残しておくことにしたという。小さな箱に入れて保管している遺灰の包みは，自分の死後，一緒に撒いてもらおうと思っている。

夫の遺灰を撒いたOは，今から振り返ってみると遺骨を残す必要はなかったと思っているが，当時は突然の夫の死に戸惑っていたという。彼は当時66歳で退職したばかりであり，これから夫婦で余生を楽しむつもりでいた。しかし酒が好きだったOの夫は，晩酌しながら夕食を摂った後，風呂で脳出血を起こしてしまったのである。Oは，夫の遺骨を棚の上において，供え物，声かけなどをしている。

妻の遺灰を撒いたNは，妻の遺灰を撒く前に大阪の手元供養用品を売っているところに出向き，チタン製のシンプルなネックレスを買った。そのネックレスには米粒ぐらいの量の遺灰が入れられるペンダントがついている。そこに妻の遺灰を入れ，自然葬後もいつも身につけている。ただ，チタン製で水に弱いので，お風呂に入る時に外さないといけないのが残念だという。

夫の遺灰を撒いたGは，夫の生前に一緒に墓地を回るなど，死後どうするかを相談してきたが，「ただ大きなお墓が並んでるだけで，何も意味がないような気がして」自然葬を選んだという。しかし自然葬を実施するには「とっても勇気が必要」だったため，夫の死後1年以上，自然葬を申し込むことができなかった。結局，少量の遺骨を仏壇の片隅においたまま，自然葬を実施したという。

③ 遺灰の一部を撒いて，一部はお墓に埋葬したケース

Iは，約60年前に亡くなった母親の遺骨の一部を撒いた。Iは20代で母親を亡くし，お墓を作った。その時に親戚の意向で母親の遺骨を一握りぐらい分骨されたので，仏壇の片隅に保管してきた。しかし自らの死に支度をする中で仏壇を処分することになり，分骨された分も何とかしたいと思っていた。その時，会報を通して特別合同自然葬があることを知り，自然葬を体験しがてら，分骨された遺骨を撒くことにした。

妻の遺灰を撒いたWは，遺灰のすべてを撒くつもりであったが，妻の兄弟の反対にぶつかり，霊園に墓を購入した。四十九日が過ぎてから遺骨のほとんどを墓におさめ，その1年後に残りの分を撒いた。

2) 自然葬実施場所の選定

　自然葬実施場所の選定について聞いたところ，①故人の人生と関係がある・故人との思い出があるという理由，②時期・場所・その他自然葬実施の諸条件の都合がよいという理由に大きく分けられた。

　このうち①は，特定できる空間を認識し，選んでいるといえよう。それに比べて②は，自然葬の諸条件によって実施場所を選んでいるため特定場所へのこだわりはほとんどないものといえる。ただ，②に関しても，故人との関わりとともに自然葬実施の諸条件が考慮されている場合が多いが，特定できる空間を確実に選んでいるかどうかを中心に見ていくことにする。

①　故人の人生と関係がある・故人との思い出がある

　Aは，生前に夫と旅行した複数の場所に長男と旅行がてら訪ね，こっそりと夫の遺灰を撒いているという。地域としては北海道から京都府に至り，撒く場所も海に限らず山，川，芝生の上など様々である。

　そのうち，筆者は 2012 年 4 月に東京都大島に同行して散骨を観察した。大島ではガイド兼貸し切りタクシーを利用した。最初から運転手に散骨したいという旨を説明し，一緒に適当な場所を物色した。遺灰が海に直接に入りそうで，人目があまり届かない場所が条件であった。運転手の案内にしたがってしばらく人気のない石場を歩いたら，海に向かっている崖があった。Aは崖に座り，直径 2 センチ，高さ 2 センチぐらいの，化粧品のサンプルケースに入れてきた遺灰を勢い良く海に撒いた。

　Mは，横浜で生まれ，高校 1 年の時に東京へ引っ越すまで暮らしていた。他の関東圏の実施場所よりなじみがあるので，横浜港を選んだという。

　Nは，妻が関西空港近くを希望したため，和歌山県紀伊水道を選んだ。妻は生前からフランスが好きで，毎年訪ねていた。その時いつも関西空港を利用していたため，関西空港近くでの自然葬を望んだのである。

　妻は 1993 年に，神戸港で出航し大阪湾で自然葬をする内容の本人契約を結んでいた。しかし妻の死後，彼女の自然葬を実施するにあたり，Nは場所を変更した。船の進行方向について会に事前に問い合わせたところ，和歌山

の方が関西空港に近い方向に進むということがわかったからだという。妻が本人契約を結んだ1993年の時点ではまだ和歌山県での自然葬は始まっていなかった。Nは，もし妻がわかっていたら和歌山を選んだのであろうという。

その他Nは，親戚の希望によって，それぞれ親戚が住んでいる東京と新潟でも少量の遺灰を撒いた。東京と新潟では海岸で少し撒いたぐらいだという。Wと妻は結婚してからずっと東京に住んでいたにも関わらず，妻が生まれ育った神戸港に彼女の遺灰を撒いた。妻は，神戸での子供時代を懐かしく語っていたという。妻の兄弟の反対で墓を造ることになったが，一部だけでも撒いてあげたいと思った。

しかし契約書を書く段階で，船は神戸港で出航するが，自然葬される海域は大阪湾と表記されることがわかった。神戸港がある海の正式名称は大阪湾ということであった。Wは，自然葬実施証明書に実施場所を神戸港と記載してくれるように要請したが，断られたという。

Sは，都合のよい時期に設定された横浜港での特別合同葬で遺灰のほとんどを散骨したが，自宅近くの川沿いでも遺灰の一部を撒いた。Sの母親は晩年に植樹をするボランティア活動をしており，川沿いに桜の木を植えていた。母親は冗談のように，その桜の木の下に撒かれたいと言っていたが，実現が難しいのを知っていたため会での自然葬を希望した。Sは少しでもその気持ちを叶えてあげたいと思い，遺灰の一部を桜の木の下に撒いたという。

Dの父親は海洋学者であり太平洋を中心に研究をしていたため，太平洋側での自然葬を希望した。Dは兵庫県に居住しており，神戸港が会を通して実施できる最も近い場所であったが，神戸港から出る船の定員は予定していた参加者数に満たなかったため，和歌山県・紀伊水道を選んだ。

夫の遺灰を撒いたGは，横須賀まで電車一本で行けるところに住んでいるため，この場所を選んだ。また，夫がここの港に展示されている戦艦「三笠」の保存会の会員であったからという理由もあった。自然葬にされたGの夫の父親は海軍出身であり，夫も生前は軍艦に興味があったという。

夫の遺灰を撒いたYは，思い出がつまった家族の別荘から近いという理由で甲府再生の森を選んだ。Yは今もほとんどの時間を別荘で暮らしているた

め，車で一時間もかからない甲府再生の森は訪ねやすいという。また空気と景色になじみを感じるのも，選んだ理由の一つである。Ｙは一本の木の下に遺灰を撒いた。

　Ｔの父親は明石で生まれ，一生を明石で過ごした。そしてＴも仕事で東京に数年間滞在した以外は，明石で暮らしてきたという。そのため何となく明石大橋が見えるところで撒きたいと思い，海図などを調べた。しかし明石大橋周辺は漁業区域が多く，それを避けて実施するのは大変そうに思えた。それで仕方なく神戸港で実施した。

② 時期・場所・その他自然葬実施の諸条件の都合がよい

　Ｉ（母親），Ｊ，Ｆ，Ｅは首都圏在住であるため，関東圏内で設定された特別合同葬を選んだ。同じようにＯも居住地域の東北圏内でなるべく近い場所を選んだ。

　両親の自然葬を実施したＢは，真鶴港から出航し相模灘で自然葬をするコースで，シナーラ号という豪華帆船をチャーターすることができるということを知っていたので，真鶴港を選んだ。Ｂは当時，会の職員であり，シナーラ号での自然葬に立ち会ったことがあった。シナーラ号はイギリスの元首相，故チャーチルも愛用していた帆船で，「海の貴婦人」と呼ばれているという。相模灘で遺灰を撒いてから港に帰る際，追加料金を払って帆を張ってもらった。

　Ｓが横浜港での自然葬を申し込んだ理由は実施時期がよかったからである。場所は自宅から２時間ぐらいかかるところであったが，12月に設定されたその特別合同葬を逃すと次の春まで待たないといけなかったため，申し込んだという。

　Ｃは，夜景を見ながら自然葬をするという企画に惹かれて横浜での自然葬を申し込んだ。普段は昼頃出航することが多いが，2012年度からは横浜港という場所の特性を活かし，日没頃に出航して夜景を見ながら港に帰ってくるという企画を実施することになったのである。

　Ｅは，東京に居住していて関東圏で自然葬をするつもりであったが，会の

職員のすすめで、横浜港で自然葬を実施した。15人の参加者にちょうどいい規模であり、設備も優れている船であったからである。

撒かれた遺灰の量に関しては、遺灰の全量、あるいはほとんど全量を撒いたケースが多く、自然葬においては墓をつくらないことが重視されていることがわかる。ただ、遺灰の全量を撒いた場合より、「ほとんど全部」、つまり遺灰を少し残しておいたケースの方が多く、特にO、N、Gは遺骨から故人を連想し、追悼の対象にしていた。このように遺骨から故人を想起するかどうか、また遺骨をもって故人を祈念するかどうかによって、遺灰の全量を撒くか、ほとんど全量を撒くかが左右されると考えられる。一方、墓があるため自然葬を実施する必要がないながらも、故人の遺志の実現という意味で自然葬を選んだWのような事例も、少なからず存在する。

以上に述べた事例と、その他筆者が観察・インタビューした事例をまとめると次の(**表 4-2**)ようである。

表 4-2 散骨：遺灰の量

名前 (故人の続柄)	遺灰の量
M (祖父母, 両親)	全部
S (母親)	全部
D (父親)	全部
J (弟)	全部
F (父親)	全部
T (両親)	全部
O (夫)	ほとんど全部
B (両親)	ほとんど全部
A (夫)	一度に10ml程度ずつ・ほとんど全部を撒く予定
E (両親)	ほとんど全部

N（妻）	ほとんど全部
G（夫）	ほとんど全部
C（妻）	ほとんど全部
Y（夫）	ほとんど全部
W（妻）	一部
I（母親）	一部

　また実施場所に関しては，故人の人生と関係がある・故人との思い出があるという理由から特定の場所を選んでいる事例と，時期・場所などの都合が良いという理由で選んでいる事例が半々であった。これは，特定できる場所に撒かないことで，墓と自然葬の違いを見いだそうとする「すすめる会」の理念が，完璧な形では実現されていないことを意味する。ただ，故人の人生と関係がある・故人との思い出があるという理由から特定の場所を選んでいる会員たちも「自然に還る」という表現を使ったり，なかにはその場所と故人との関係を後から付け足すように語る事例もあり，重層的な空間認識をもっていることがうかがえる。

　以上に述べた事例と，その他筆者が観察・インタビューした事例をまとめると次の（**表4-3**）ようである。

表4-3　散骨：実施場所，場所の選定理由

名前 （故人の続柄）	実施場所	場所の選定理由
A（夫）	日本全国	夫と生前に旅行したことのある場所のため
M（祖父母，両親）	神奈川県横浜市・横浜沖	横浜になじみがあったため・時期・場所の都合がよかったため
N（妻）	和歌山県和歌山市・紀伊水道，東京湾，新潟	和歌山県：故人が希望した関西空港に近い場所であったため 東京湾，新潟：親戚が住んでいるため

W（妻）	兵庫県神戸市・大阪湾	故人が生まれ育った場所のため
D（父親）	和歌山県和歌山市・紀伊水道	父親は海洋学者であり，太平洋が主な研究舞台であったため・太平洋側で実施できる場所のうち，Dの自宅から最も近かったため
G（夫）	神奈川県横浜市・東京湾	夫と何回か訪ねたことがあるため・場所の都合がよかったため
Y（夫）	山梨県甲府市・甲府再生の森	家族の別荘から近かったため・場所の都合がよかったため
T（両親）	兵庫県神戸市・大阪湾	故人が一生を送った場所であるため
I（母親）	神奈川県横須賀市・観音崎沖	時期・場所の都合がよかったため
J（弟）	神奈川県横須賀市・観音崎	時期・場所の都合がよかったため
F（父親）	神奈川県横須賀市・観音崎	時期・場所の都合がよかったため
O（夫）	宮城県亘理郡・通称大森山	場所の都合がよかったため
E（両親）	神奈川県横浜市・横浜沖	場所の都合がよかったため・貸し切る船の条件がよかったため・場所の都合がよかったため
C（妻）	神奈川県横浜市・東京湾	夜景の中で自然葬が素敵だと思ったため
S（母親）	神奈川県横須賀市・観音崎 自宅近くの川沿いの木の下	時期の都合がよかったため・母親が植えた木であるため
B（両親）	神奈川県三浦市・相模灘	シナーラ号という帆船が使える港であったため

第2節　社会関係

2-1　意思決定と契約

「すすめる会」は，死後の自己決定権に基づき，死にゆく本人，あるいは本人と最も近い親族・知人が，家制度と檀家制度に基づく社会関係に左右されず，自然葬を選択することを望ましいとしている。また契約種類としては，死後の自己決定権の具現である本人契約が好まれる傾向があった。

以下では，自然葬が死後の自己決定権に基づいて選ばれているかどうか，

またその場合，契約種類は何であるかを記述する。また意思決定と契約の過程で自然葬が変更された，あるいは実施されなかった事例も合わせて提示し，自然葬が実施される・実施されないの如何にかかわる社会関係について検討する。

1) 主要意思決定者

（自然葬が実施された例）

① 故人が自然葬を希望したケース

　Bは，父親と母親の希望に従って自然葬を実施した。Bの父は京都出身であるが，大学から東京に移り住んだ。父は7人兄弟の中で長男であったが，里帰りすることはほとんどなかった。Bは京都に行った記憶があまりないという。京都の墓は，父の2番目の弟が実家の家をもらったため，いっしょに管理しているだろうという。現在は付き合いがなくなったため，正確にわからない。

　このような状況であるため，父親の遺骨について口出しされることはなかった。また，母親の死後まで待ってから一緒に自然葬を実施したため，葬式からも7年という年数が経っていた。Bは，自然葬後，親戚宛に自然葬のスナップ写真で作った葉書を出したが，特別な反応はなかったという。

　またBには兄がいるが，若い時からアメリカで教育を受け現地の女性と結婚し，永住することになっている。そのため家のことはすべて妹のBに任せっきりであり，Bはそれに不満をもっている。兄には葬式と自然葬などをどうするかを相談したこともないし，何か意見があっても言わせないつもりであった。兄は母親と仲が悪く，遺産相続の問題でもめ事があったため，葬式はもちろん両親の自然葬にも参加しなかった。Bは，両親の自然葬をきっかけに会で働くようになり，自分の自然葬も希望している。

　GとGの夫は共に自然葬を望み，夫が先に亡くなったためGが自然葬を実施した。夫の兄弟と甥たちは自然葬を選ぶぐらいなら何とかして家の墓に入れてあげると提案してきたが，G自身も強く自然葬を希望していたため，断

ったという。一人娘は自然葬に賛成し，自らも自然葬でいいと思っているという。

　Yは，夫が死ぬまで彼が自然葬を願っていたことを知らなかった。死ぬ直前，自分の死の知らせや葬式の方法などを細かく指定した遺言書を渡された。そこにはこの会で自然葬にされたいということも書いてあったので，Yが入会し，自然葬を行った。

　夫は5人の兄弟の中の長男であった。しかし兄弟たちにはそれぞれ自分の家族がいて，高齢になるにつれ往来は少なくなっていた。さらに，自然葬実施後まで兄弟を含む親戚には自分の死を知らせないようにという遺言があったため，その通りにした。生前から頻繁な往来があった未婚の妹以外は，葬式にも散骨にも参加していない。

　ただ，Y本人は自然葬について考えたことがなく，夫の家の墓に入るのが当たり前だと思っていた。実施まで葛藤はあったが，3人の子どもたちが自然葬に積極的に賛成し，さらに故人の意志を尊重するようYを説得したという。そのうちYも暗くて湿気の多い墓には入りたくない，夫と一緒の場所ならどこでもいいと思うようになったので，実施に踏み切った。

②　故人が自然葬を希望したのであろうと推測したケース

　A，T，Oは，故人の意思を正確に確認したわけではないが，生きていたら自然葬に賛成しただろうと推測し，実施に踏み切った。

　Aの夫はガンが発見されて3ヶ月で亡くなった。夫がもうすぐ死ぬことを受け入れられなかったAは，夫の生前に自然葬について話し合うことができなかったという。夫の親戚と不仲であり，かつ墓に反感をもっていたAは，自分と夫を自然葬にすることを決めた。夫も生前から「人間は死んだらゴミだ」と言っていたので賛成したのであろうという。ただ，夫は母親と仲がよかったため，「もしかしたら墓に入りたいと言ったかもしれない」と思うこともあるが，墓には入れたくないという。

　夫には妹と，兄弟同然に育った従兄弟がいて，従兄弟が東北の実家の家業を継いでいる。Aは，妹と従兄弟は「古い田舎の人間」なので自然葬に反対

するだろうと思っているが，夫の遺骨をどうしたかについては彼らに知らせていない。夫の後を追うように亡くなった義母の葬式でAと妹夫婦で喧嘩になり，ほぼ絶縁状態になっているからである。またA夫妻には息子が2人いるが，2人とも自然葬に反対してはいない。

　Tは，3兄弟の三男であるが，2人の兄は関東に住んでいるため，Tが両親の近くに住みながら介護をしていた。父親は長男ではなく，引き継いだ墓はなかった。Tがある日「お墓はどうする？」と聞いたら，それは生きている人のためのものだから任せると答えたという。特に墓にこだわっているわけではなかったし，明石に愛着をもっている人だったので，近場での自然葬には反対しなかったのであろうと，Tは思っている。

　Tは散骨業者，樹木葬なども調べたが，「一番まともに見えたのがこの会」だった。自然葬の契約を交わし実施しようとしたら，台風で一週間延期された。そして，その一週間のうちにTの母親も亡くなってしまった。Tは自然葬を中止し，その数ヶ月後，両親の散骨を合わせて実施した。母親は特に自然葬をしたいとも言わなかったが，墓に閉じ込められたくはないと言っていたので，大丈夫だろうと思った。

　Tの兄弟たちも反対はしなかった。Tにすべて任せていたからである。前節で述べたように，明石大橋が見える場所で自然葬を行いたいと思い，あれこれ調べるTに対しても，「もう神戸港でしたら？」と言われ，「遠くにいるだけ心も遠くなっている」と感じたという。

　Oは，夫も自然葬に賛成したのであろうと思い，自然葬を実施した。彼女の夫は次男であったが，O家の長男が金銭関係や家のことなどをしっかりできない人であったため，実際は長男の役割を果たしていた。Oの義理の母親は，Oに墓の管理をしてくれるよう願っていたが，Oは，それは夫のやることだと思い，一切関与しなかった。夫も墓の管理費は払っていたとは思うが，一回も墓参りをしたことがなかったという。

　故人の意思を推測して自然葬を実施したA，T，Oは，自分の死後も自然葬にされたいと思っている。

③ 故人の意思に関係なく遺族が自然葬を希望したケース

I（母親）は，数十年前に亡くなった母親の分骨された分を自然葬にしており，母親の意志は確認できていない。Iは，自分の自然葬を契約するなど死に仕度をしていた時，それまで持っていた仏壇を処分し，母親の分骨された遺骨も自然葬にした。

Mは，すでに存在する墓を取り払う「墓じまい」をし，その中に埋葬されている実の祖父母と母の遺骨を自然葬にした。Mは会の趣旨に賛成して入会し，本人契約も済ませているが，自分が管理している実家の墓のことが気がかりであった。会に相談したら，墓じまいをして自然葬ができるということを知り，目からうろこが落ちた気分であったという。

墓じまいは「やろうとすれば，とっても事務的な作業で，簡単にできちゃった」という。Mには兄弟がなく，長男であった父親にも女兄弟しかなかったので，「ややこしい親戚関係はなかった」という。Mの次男が養子として実家の名字を継いだが，まだ若いし墓には興味がない。さらに次男と長男に相談したところ，Mの代で墓を終わらせてくれたら，それはありがたいと答えられたという。また，墓は市営墓地にあったため，寺ともめることもなかった。

Jは，事故で亡くなった弟を自然葬にした。弟は独身であるため墓を管理するような身内は，姉のJしかいなかった。しかしJは結婚していて，Jの息子と娘も日本に定住するとは限らない。このような状況を両親と親戚たちも理解してくれたという。将来はJの両親も，J夫妻も自然葬を選ぶ可能性が高いという。

（自然葬が変更，あるいは実施されなかった例）

④ 故人・本人が自然葬を希望したケース

故人が自然葬を希望したが計画が変更された例は，NとWである。Nの妻は，会が設立して間もなく入会し，本人契約をした。妻は会への参与度も高く，イベントによく来ていた。Nも妻の晩年には何回か一緒にイベントに来て，妻の自然葬後に入会している。

関西空港近くで撒かれたいという妻の意向を叶えるため，和歌山県の紀伊水道で自然葬を行う予定であったNは，妻の実の妹と，夫側の姪の意向で計画を変更することになった。妹が住んでいる新潟と，姪が住んでいる東京にも遺灰の一部を撒くことになったのである。妹は足が悪く遠出することが難しいため，和歌山まで来ることができなかった。その妹のために，Nは新潟に行き，妹の自宅近くの海辺で少し遺灰を撒いた。また，就職して東京に住んでいる姪が，墓がないと「どこで思い出すのか」と反対したため，妥協点として妹が住んでいる東京でも遺灰を撒くことにしたのである。N夫妻には子どもがいないが，妻は姪を娘のように可愛がった。姪は彼らの家にもよく遊びに来ていたという。

　Wの妻は自分が生まれ育った神戸に撒いてほしいという遺言を残したため，Wはそれを実施しようとした。二人には子供はなく，W自身も自然葬を希望している。しかし妻には4人の弟がいて，その弟たちが「墓がないとどこにいけばいいかわからない」，「骨を捨てるのは非常識」などと反対したため，仕方なく妻の実家の墓の敷地に新たに墓を建てた。妻を旧姓に戻して，遺骨の三分の二程度を墓に収め，残りをその1年後に神戸港（大阪湾）で散骨した。Wは，自分と結婚して苦労ばかりさせた妻の遺言を叶えてあげられて，やっとやることが終わった，そしてこれで生きる意味がなくなったと述べた。Wは，実の兄弟か甥たちに頼んで自然葬を実施してもらうつもりだという。

　故人が自然葬を希望したが実施されなかった例としては，L，P，R，U，X，Z，K（本人）がいる。Lの弟は，30代後半でガンを患い，病床にいるうちに入会，本人契約を済ませていた。両親は，弟が病中で判断力がおかしくなったのではないかと疑ったが，とりあえず彼の望み通りにしてあげようという気持ちがあり，本人契約をする当時はあまり反対しなかった。L自身もそういう気持ちで連絡責任者として印鑑を押した。それに，家の墓は，Lと弟が独身であることから墓の引き継ぎをめぐって寺ともめ事もあり，弟はそれを心配して自然葬を申し込んだ可能性もあるのではないかという。結局，両親は弟のために霊園に墓を購入し，遺骨を収めた。Lも両親が満足のいくようにと思って，それに従った。

ただ，弟は自然葬だけでなく，献体の申し込みと，葬式はしたくないという遺志も残しており，Ｌはこの二つは両親の反対を押し切って実行したという。Ｌは，「本人の遺志をぜんぶ無視したわけではない，そこは叶えてあげた」と涙声で述べた。また，弟の死後３年までは，Ｌが会に年会費を払っていた。死亡届けを出さなかったため会報と振り込み用紙がずっと送られてきた上に，弟に対する供養だと思ったという。

Ｐの妻は，東北大震災で犠牲になった会員であり，海での自然葬を本人契約していた。夫のＰは，自宅で津波に流された妻の遺体をやっと見つけられたので，また海に戻したくないといい，墓を購入し収めたという。

Ｒは，事務所に電話をして父親の本人契約解約の手続きをした人である。晩年，老人ホームに入っていた父親が亡くなり，父親は持ち墓がなかったので寺の永代供養墓に遺骨を収めたが，すべてが終わって遺品を整理している時に自然葬の本人契約書類と会員証などを発見したという。Ｒは，父親が自然葬を望んでいることをまったく知らなかった。

Ｕも，電話で父親の自然葬契約を解約した。Ｕは，父親の自然葬の意向を理解し，母と弟も賛成していたので遺族契約を結んで自然葬を実施しようとした。親戚の反対にあい，父親の家の墓がある霊園に墓を購入したという。

Ｘは，親戚に自然葬を反対され，自分も歳をとったので従うことにしたという。未婚であったＸは，自分の死後は会の友好団体に依頼して，自然葬を実施してもらうつもりであった。しかし弟が「そんな寂しいこと言わないで」自分が建てた墓にいっしょに入ろうと言ってくれたという。Ｘは，「自然葬の思想」に共感し，「死んだ後の処理はどこでもいい」と思っていたので，構わないかと思った。「残された者の心に波紋を残さないのが自然」と考えるようになったという。

Ｚは，数年前に夫の自然葬を実施し，自分も会で実施してもらうつもりでいた。しかし，もう歳をとって一人では何もできないし，経済的にも苦しくなっている。子供たちがアメリカに住んでいるが，年会費のことで子供に頼りたくないと思い，本人契約を解約・退会することを決めた。死後は遺言を残して子供に自然葬を実施してもらおうと思っている。

その他，Kは自ら生前に本人契約を解除した。彼は⑥で記述する，母親の自然葬をめぐる一連のできごとで，無念さを感じ，本人契約を解約した。Kは，「自然葬ができる人はまだ幸せな方だ。周りの理解とお金，実施してくれる人が必要。自分にはそんなのは残らないと思う。市役所の人間の手で無縁墓にでも入れられるのではないか」という趣旨の言葉を述べた。

⑤　故人が自然葬を希望したのであろうと推測したケース

故人が自然葬を希望したのであろうと推測したが，その計画が変更，または実施されなかったケースは存在しなかった。

⑥　故人の意思に関係なく遺族が自然葬を希望したケース

A（実の両親，祖父母）とK（母親）は，故人の意思に関係なく自然葬を行おうとしたが，実施に至らなかった。

まず実の両親と祖父母の遺骨が納められている墓を取払い自然葬にしようとしたAは，姉妹およびまだ生きている叔母の賛成を得たが，自分の長男の反対にあった。長男は祖母と仲がよかったため，たまに墓参りにいっているという。長男は自然葬に基本的に賛成し，Aの死後にも自然葬を実施してあげようと思っているが，すでに存在するお墓を取り払う必要はないと思っている。

長男は，現在の葬式と墓の有り様は合理的ではないし，形式だけ残っているように見えるので，父親とAが望んだのであれば自然葬を実施してあげてもいいと思っている。「墓も葬式も自分が好きなようにしたらいい」という。

しかし，母親の自然葬の動機が，仏教が嫌いだとか，親戚との関係で葛藤があったなどに基づいているのはどうかという。何かに対する反発，つまり「負の感情ではなく」，自然に帰りたいなど，本当にしたいからするという動機の方が望ましいと思っている。「それだったら喜んでやってあげたい」という。

墓じまいのことも同じである。先祖を自然に帰してあげたいなどの希望からではなく，自分（長男）に迷惑をかけたくない，既存の墓に疑問があるな

どの理由に基づいているから，反対しているのである．迷惑という面でも，当事者である自分はそれが迷惑だと思っていない．年に管理費が数千円かかり，お彼岸とお盆に墓参りに行くだけでいい，管理はお寺でしてくれる．自分は未婚で子供もいないので墓の継ぎ手は絶えるのであろうが，そうなったら墓は自然消滅していいと思っている．

　Aは，このような長男に対して「何もはっきり決着をつけず，なるようになるという考えでやってきた」人といい，あまり納得しなかった．しかし，自分の死後に墓を引き継ぐのは長男なので，彼にまかせることにし，墓じまいと自然葬をあきらめた．

　Kは，自分の自然葬を念頭において会に入ったが，家の墓を整理する過程で母親の墓の墓じまいをし，自然葬にしようとしたが失敗した．

　長男であるKと，実家で父親と自分の家族と同居しているKの妹は，それまで二つの墓の面倒をみていた．Kの家には由緒ある寺に曾祖父が作った大きな墓があり，曾祖父母と祖父母が入っている．しかし管理の大変さから，2011年に父は墓の敷地を寺に返そうとした．寺側は，「立派なK家がうちの檀家さんであった」ということを残したいと断り，住職の代がかわるまでは墓をそのままにしておきたいと申し出た．

　一方，Kは母親の死後，Kの家の墓とは別の墓を他の寺に設けた．母親の遺品を整理する途中で墓のパンフレットをたくさん発見したので，K家の墓には入りたくないだろうと推測したのである．Kは，母親が複雑な歴史をもつK家に嫁いだため大変な人生を送ったと思っていたのである．こうして，KとKの妹は，二つの墓の面倒をみるようになったのである．

　しかし母親の13回忌を起点に，Kは母親の墓をK家の墓に統合させようと決めた．二つの墓の面倒をみるのが大変だった上に，妹は高山病，父親はアルツハイマーになったため，少しでも負担を減らしたいと思ったからである．また，母親の墓に対する心境の変化もあった．母親は，実はK家の墓に入りたくなかったのではなく，K家の墓が遠すぎるので（実家から片道2時間半）近いところで墓を探していたのではないかという気がしてきたという．実際に墓のパンフレットはすべて実家の近いところのものであった．また，

母親の 13 回忌の法事の時に，母親は「もうここにいない」と感じたのも理由の一つであった。これは会の影響が大きいという。

そしてKは，母親の墓をK家の墓に統合しようと，K家の檀那寺に相談に行った。しかし，そこで初めて父親が墓を寺に返却しようとしたことを知らされ，がっかりしたという。Kは何年か前から妹および父親とは仲が悪くなり，ほとんど連絡をとっていなかった。返却しようとする墓に母親の遺骨を改めて入れるわけにはいかなかったので，「これは自然葬しかない」という結論にいたった。

そこでKは檀家となっている，母親の墓がある寺に遺骨を出したいと伝えた。しかし住職はそれに反対し「いろいろケチを付けてきた」という。まず，遺骨を出したいという旨を書いた書類に実印を押してもってくるようにと言われた。それを準備していったら今回は家族全員の同意書を求められた。そこで父親と妹に手紙を出したら，ケンカ腰の返信が返ってきて，好きにしろと書いてあったという。

住職から様々な書類を要求される一方，自然葬を宗教の一つとしてみなされ「うちの信者ではないの？」と聞かれたり，「ちゃんと供養しないといけない」と説教されたりするなど，うまく進まなかった。

このような壁にぶつかったのでしばらく連絡をしなかったら，今度は妹から連絡が来て，母親の墓を撤去しその寺の永代供養墓に入れ，離檀手続きをしたいと言われた。妹も寺との付き合いに疲れているとのことであった。そしてその意向通り，母親を永代供養墓に移し，ことは一段落した。

2） 契約種類

本人の意思と関係なく遺族が自然葬を実施する場合は，遺族契約が当たり前であるが，本人が自然葬を希望した際の契約形態は本人契約と遺族契約の両方が可能である。本人の意思を尊重し，本人の死後でも遺族が自然葬を契約することができるからである。

以下，本人が自然葬を希望した場合における契約形態と実施の如何を提示する。ここでは詳細な社会関係より，実施の如何にかかわる契約形態の意義

を検討するため，計画が変更された形で自然葬が実施されたNとWの事例も「自然葬が実施されたケース」の範疇で扱う。

① 本人契約をして，自然葬が実施されたケース

D，G，Nは生前に本人契約をして，契約時の連絡責任者によって自然葬が実施された。

② 本人契約をしたが，自然葬が実施されなかったケース

K（本人），L，P，R，U，X，Zは本人契約を結んでいたが，家族・親族の反対，あるいは意思疎通の問題で自然葬が実施されなかった。K，X，Zは自ら契約を解約した。

③ 遺族契約をして，自然葬が実施されたケース

S，F，B，Y，E，T，O，M，J，C，Iは，故人が亡くなってから遺族契約を結んで自然葬が実施された。

④ 遺族契約をしたが，自然葬が実施されなかったケース

本人の生前の希望を尊重して遺族が契約を結んだ場合，自然葬が実施されなかったケースは，K（母親）だけであった。

故人が希望した，あるいは希望したのであろうという推測から自然葬が実施されたケースの社会関係をみると，配偶者，子供などの実施者が自らの自然葬を希望している，あるいは自然葬に理解があることが多かった。特に実施者自身も自然葬を希望している事例では，親戚の反対があってもそれを乗り切って実施に至っている。また故人の方をみると，兄弟関係としては次男以下であり，墓のことに関して比較的に自由な立場にいるケースが多かった。居住地域としては上京して首都圏に住んでいる会員の方が多く，すでに親族との関係が薄れていることがうかがえる。また故人が高齢であり，兄弟などの親戚が亡くなっていることも多かった。その他AとBのように，故人の自

然葬に関して発言力のある人と実施者が不仲であり，最初から彼らの意見を取り入れないという例もあった。このように最初から既存の関係を断ち切るつもりで自然葬を実施するケースは他にも少なからずあると思われる。例えば，まだ自然葬を実施してはいないが，自らの自然葬を希望しているある会員は，田舎の寺にある墓の面倒をみているが，自分の死後には墓と寺との関係を放置するように息子に言っているという。

　一方，自然葬の計画に顕著な変更が生じたり，故人と遺族の希望に反して自然葬が実施されなかったケースも少なくない。その理由をみると，親戚から「骨を捨てるのは非常識」と言われ，寺から「ちゃんと供養しないといけない」と説教されるなど，会が考える家制度と寺壇関係の名残をうかがわせるような理由がみられた。ただ，それだけでなく，「墓がないとどこにいけばいいかわからない」，「どこで思い出すのか」など，故人を追悼する気持ちの問題が理由になっていることが注目される。また，故人の自然葬の意向を家族が知らなかったなど，家族との意思疎通の不在が理由となった例もある。会の事務職員によると，本人契約を解約するケースにおいては，契約をしておくと自然葬ができると思い込み，家族に詳しく説明しなかったことが原因になることも多いという。しかし実際は，実施者になる人が会に連絡をしない限り実施する術はなく，さらに実施者が反対した場合もそれに従うしかない。また，自然葬にされる日まで会費を払い続ける金銭的な余裕がないという事例もあった。

　自然葬が故人の希望通りに実施されるためには，実施者の自然葬支持度，故人の家族構成や居住地域や年齢，最低限の金銭的条件が必要である。Kの「自然葬ができる人はまだ幸せな方だ。周りの理解とお金，実施してくれる人が必要」というつぶやきは，このような点を示唆している。

　これは，故人が自然葬を希望する場合においてさえも，本人契約より遺族契約によって実施されることが多いということからも窺える。本人契約は，社会運動としての理念を実現する制度であるが，実際に十分にその役割を果たしているとは言いにくい状況にある。

　一方，故人の意思と関係なく自然葬が実施される，あるいは実施しようと

したがされなかったケースも数件あった。その理由としては墓の継ぎ手がいないという墓問題としての側面と，自然葬の公共性への確信が入り混ざった理由が提示される。しかし，これは死後の自己決定権とは対峙するような現象であり，ここで生じる葛藤が，Aの墓じまいをめぐる長男との対立に現れているように思われる。注目すべきことは，墓じまい後の自然葬に反対する長男が，墓に埋葬された故人たちの自己決定権を守ろうとした点である。社会運動の理念に基づいた自然葬の公共性への確信は，他人に自然葬を押し付ける可能性を常に孕んでいるのかもしれない。

以上の事例と他の自然葬の事例を合わせて表に示すと次の（**表4-4**）ようになる。

（自然葬が実施された例）

表4-4　意思決定と契約：主要意思決定者，契約種類

名前 （故人の続柄）	主要意思決定者	契約種類
D（父親）	父親	本人契約
G（夫）	夫	本人契約
S（母親）	母親	遺族契約
F（父親）	父親	遺族契約
B（両親）	両親	遺族契約
Y（夫）	夫	遺族契約
E（両親）	両親	遺族契約
T（両親）	両親（推測）	遺族複数契約
A（夫）	夫（推測）	なし
O（夫）	夫（推測）	遺族契約
M（祖父母，両親）	M	遺族複数契約
J（弟）	J	遺族契約
C（妻）	C	遺族契約
I（母親）	I	遺族契約

（自然葬が変更された，あるいは実施されなかった例）

A（実の両親，祖父母）	A	遺族複数契約
N（妻）	妻	本人契約
K（本人）	K	本人契約
L（弟）	弟	本人契約
P（妻）	妻	本人契約
R（父親）	父親	本人契約
X（本人）	X	本人契約
Z（本人）	Z	本人契約
U（父親）	父親	遺族契約
W（妻）	妻	遺族契約
K（本人，母親）	K	遺族契約

2-2 粉末化と散骨

1) 粉末化実施者

粉末化実施者については本章の第1節で触れた通りである。

2) 散骨の参加者

散骨する際は，意思決定の時と同様，家制度，檀家制度，そして商業主義の影響を排除し，実際に故人と親しかった遺族・知人だけが参加することが望ましいとされる。

以下，実例を検討する。

① 親族だけが参加したケース

I（母親）の事例ではIの長女と次女が，Wの事例では実の姉・妹が，Sの事例ではSと実の姉が，Mの事例ではMやMの夫，子供2人が，Jの事例ではJと夫が，Fの事例ではFと夫が，Gの事例では妻や娘，義理の妹が，Cの事例ではCが，Tの事例ではTやTの夫，子供2人，Tの兄夫婦4人，

甥・姪3人，Oの事例ではOや実の姉妹2人，長女夫婦，次男が，Eの事例ではEやEの夫，子供3人，兄弟夫婦6人，甥・姪4人が参加した。いずれも参加した親族は，故人の配偶者，子供，孫，兄弟の範囲に留まっている。

ただ，親しい家族でも参加できなかった場合もあった。Iは，船の乗り場まで行ったが，体調不良で乗船できなかった。Jは，Jと故人になった弟の両親が生存しているが，心身の疲れから参加しなかった。Wの妻の散骨では，妻の兄弟が自然葬に反対したため参加せず，Wの兄弟だけが参加している。

一方，M，W，T，O以外は特別合同葬で散骨を行っていて，一組3〜5人という人数制限のため近い親族だけになったという側面もある。

② 親族以外の人も参加したケース

D，N，A，B，Yの場合は，故人と親交はないが実施者と親交がある人，あるいは会の関係者を招いて散骨を実施した。

Dの父親は，大学教授であった職業の故，弟子，後輩など16人が参加して遺灰を撒いた。父親の遺言にしたがって葬式は家族だけにしたが，告別式をしたいという弟子，後輩たちの要請によって，自然葬に招くことになったという。父親は海洋学者であり，彼らも同分野の研究者であったため，海での散骨は別れの場にふさわしいと思ったという。

Nの妻の散骨には遺族と立会人以外にも会の関西支部の人が6人参加した。Nの妻は会設立時からの会員であり，会のイベントによく参加していた。そのため関西支部世話人たちは自ら申し出て散骨に参加した。その他，N夫妻と面識のあった会員の夫婦も，どのように散骨が行われるのか見てみたいという理由から散骨に参加した。Nは，最初は2〜3人での散骨を考えていたが，結果的に妻の最後の選択を理解し，尊重してくれる人たちと賑やかな散骨を行うことができてよかったという感想を述べた。

夫と旅行した場所に少しずつ遺灰を撒いているAは，普段は長男と2人で出かけることが多いが，夫に会ったことのない筆者，あるいはAの友人と同行する時もある。

Bは，21人が参加した中で自然葬を行ったが，そのうち故人の親族はB

と彼女の夫，息子だけであった。その他はすべてBの友人であり，「両親を送る瞬間を一緒にしたい人」を招待したという。また，その中では独身か離婚・死別などで一人身になった人が多く，今後，自然葬を選びそうな人を意識的に招いたという。散骨の現場を直接に見てもらうのが，自然葬を広めるもっとも有効な手段であろうという判断からであった。

Yの夫の自然葬には子供夫婦や夫の妹が参加した以外，写真を趣味とする息子の友人が写真係として参加した。

散骨の参加者を検討した結果，親族は配偶者，子供，孫，兄弟の範囲で留まることが多いことが確認された。また，WとNの事例でもわかるように，親族の中でも故人ではなく，実施者に近い人が呼ばれることもあった。

その他，個人葬の場合はHとBのように葬式は家族だけで済ませ，散骨にそれ以外の人を呼ぶという選択肢も見られた。これは，散骨が新たな別れの場になっている可能性を示唆する。

またNの事例でわかるように，筆者をはじめとする会の関係者たちは，故人および実施者と知り合った期間は短いが，自然葬の趣旨を理解する「仲間」として最後の瞬間を共有した。社会運動の実践としての自然葬の側面が現れる部分である。

以上で検討した事例と，筆者が観察・インタビューした事例は次の（表4－5）ようである。

表4－5　粉末化と散骨：散骨参加者

名前 （故人の続柄）	散骨参加者
I（母親）	長女，次女
W（妻）	W，実の姉・妹
S（母親）	S，実の姉

M（祖父母，両親）	M，夫，子供2人
J（弟）	J，夫
F（父親）	F，夫
G（夫）	妻，娘，義理の妹
C（妻）	C
T（両親）	TとTの夫，子供2人，Tの兄夫婦4人，甥・姪3人
O（夫）	O，姉妹2人，長女夫婦，次男
E（両親）	EとEの夫，子供3人，兄弟夫婦6人，甥・姪4人
D（父親）	D，故人の弟子や後輩16人
N（妻）	（和歌山）N，実の姉，関西支部世話人4人，関西支部会員2人，筆者（新潟）夫，義理の妹夫婦，（東京）夫，実の妹，姪
A（夫）	主にA，長男 筆者，友人
B（両親）	B，夫，子供，Bの友人18人
Y（夫）	Y，子供3人，義理の妹，息子の友人

第3節　告別と追悼

3−1　散骨時の儀礼形式

「すすめる会」は，仏教式などの形式にこだわらず，各人が自由に死者を弔う気持ちを表現することを望ましいとするが，「節度」のために一定の形式は指定している。自然葬は立会人の案内によって実施されるため，この形式から大きく外れることはないが，何をどう撒くかに関しては故人・実施者の自由がきく。以下では，散骨時に①何が持ち込まれ，②だれによってどう撒かれるかを提示し，自然葬における告別を検討する。

1）　持参した物
① 故人と関係がある花・飲料を選ぶ

I（母親），D，N，S，B，F，G，C，O，Eは，故人が愛飲していた，あるいは故人と縁のある飲料を選んで撒いた。

 例えばDのケースでは，参加した弟子・後輩たちが「昔はよく先生と飲んだ」といいながら，それぞれ故人との思い出がある酒を持参してきて，撒いた。

 Nの妻は年一回は必ずフランスに行くほどフランスが好きだったため関西空港近くに撒かれた。Nは，妻が好きだったフランス産の赤ワインとバラを撒いた。

 Bは，母親が好きだった紅茶を自宅で淹れて，保温瓶に入れていったという。

② **故人と関係のあるという理由で花・飲料を選ばない**

 S，Yは，故人と特に関係のない花・飲料を撒き，W，M，J，Tは飲料を撒かなかった。Aは，少量の遺灰を観光地などにも撒いているため，花と飲料のどちらも撒いていない。

 Sは，故人が好きだったものが特に思いつかなかったため，緑茶と自分が好きなコーラを撒いた。また，花について詳しくないので，街の花屋にすすめられた通りの仏花を買ったという。

 Yは，土の上に飲料を撒くのに抵抗があったため，水だけを撒いた。

 WとM，Tは，特に撒きたい飲み物がなかったので撒かなかったと説明した。さらにMは，飲み物を撒く必要性を感じないと答えた。

2） **行為**

① **参加者全員が遺灰と花，飲み物を撒く**

 複数の場所に遺灰を少しずつ撒いているA以外のすべての事例において，遺灰は人数分，あるいはそれ以上の数に分けて包まれ，参加者全員の手によって撒かれた。また②で言及するケース以外は，花と飲み物も参加者全員によって撒かれた。

② **参加者全員が遺灰を撒き，喪主に相当する人だけが飲み物を撒く**

 N，B，Oの散骨においては，参加者全員が遺灰と花を撒いたが，飲み物は喪主に相当する人だけが撒いた。Nの場合は，喪主のNだけが花と飲み物を撒いた。

このうちB，Nは親族以外の人も参加している。参加者の人数が多くて関係の幅が広い場合，時間と飲み物の量が制限されるため喪主に相当する人が優先的に撒いていることが考えられる。

また，これらはすべて故人と関係のある花・飲み物を選んだ事例であり，喪主に相当する人が生前から故人にその飲み物を与える行動をしていたことも挙げられる。飲み物を与えることは花を飾る・供えるよりも日常的な行動であり，その延長線上で喪主が飲み物を注ぎながら故人を偲んでいると考えられる。

このように散骨においては，会が決めた一定の形式の中で，参加者全員が遺灰と花，飲み物を撒く事例が多かった。また撒くものは，宗教的な理由ではなく，故人を連想させるもの，あるいは生者の好きなものが選ばれている。なかには，Bのように，「仏花」ではなく，あえて「洋花」を選んでいる事例もあった。また飲み物に関しては，故人が生前から飲んでいたという日常性から，それを一緒に飲んだ，あるいは用意してあげた立場にいる，喪主に相当する人が撒くという傾向も見られた。散骨においては，全員が故人の遺灰に触れ，故人と関係のある，あるいは生者の気持ちが込められている花・飲み物を撒くことが，故人を偲ぶことにつながっていると考えられる。

これは，宗教者と喪主が中心となる納骨儀礼とはかなり異なる風景であろう。実際，散骨はまるでピクニックのような雰囲気で行われることも多い。普段は行くことの少ない山で新鮮な空気を吸ったり，船に乗って海の景色を楽しみながら散骨地点まで行くのである。山の植物に関して詳しく説明する立会人もいれば，海での散骨では，少し遠回りをして港の風景を見せてくれる船長もいる。

このようなイベント性と気軽さ，全員が故人の遺灰と思い出に触れ合える儀礼の形式は，2節で検討したように散骨が新たな告別の場になっていくことに影響していると考えられる。

以上で取り上げた事例と筆者が観察・インタビューした事例をまとめると次の（**表4-6**）ようである。

表 4-6 散骨時の儀礼形式：持参した物，行為

名前 (故人の続柄)	持参した物	行為
I（母親）	遺灰，緑茶，清涼飲料，洋花	参加者全員が一包みずつ遺灰を撒く 参加者全員が花を撒く 参加者全員が緑茶を撒く
D（父親）	遺灰，花，酒（多様な種類）	参加者全員が一包み以上遺灰を撒く 参加者全員が花を撒く 参加者全員がそれぞれ持参してきた酒を撒く
N（妻）	遺灰，赤ワイン（フランス産），バラ	参加者全員が一包みずつ遺灰を撒く Nが赤ワインを撒く Nがバラを撒く
S（母親）	遺灰，緑茶，コーラ，仏花	参加者全員が一包み以上遺灰を撒く 参加者全員が緑茶とコーラを撒く 参加者全員が花を撒く
B（両親）	遺灰，紅茶，洋花	参加者全員が一包みずつ遺灰を撒く Bが紅茶を撒く 参加者全員が花を撒く
F（父親）	遺灰，花，酒	参加者全員が一包みずつ遺灰を撒く 参加者全員が花を撒く 参加者全員が酒を撒く
G（夫）	遺灰，菊など，ビール，ウィスキー	参加者全員が一包み以上遺灰を撒く 参加者全員が花を撒く 参加者全員が酒を撒く
Y（夫）	遺灰，花，水	参加者全員が紙封筒に入っている遺灰を少しずつ撒く 遺灰の上に花を撒く 大きい花束を木にもたれるようにおいておく（最後に持ち帰る）
O（夫）	遺灰，ビール，日本酒，花	参加者全員が紙風筒等に入った遺灰を少しずつ撒く Oが遺灰を撒いたあたりにビールと日本酒を撒く 参加者全員が花を撒く
T（両親）	遺灰，花	参加者全員が一包みずつ遺灰を撒く 参加者全員が花を撒く
E（両親）	遺灰，花	参加者全員が一包みずつ遺灰を撒く 参加者全員が持ってきた花束から花を摘んで撒く
W（妻）	遺灰，白い菊	参加者全員が一包みずつ遺灰を撒く 参加者全員が花を撒く

A（夫）	遺灰	Aが遺灰を撒く
M（祖父母, 両親）	遺灰	参加者全員が一包みずつ遺灰を撒く
J（弟）	遺灰	参加者全員が遺灰を撒く
C（妻）	遺灰	Cが一包みの遺灰を撒く

　持参した物を比較した結果，故人と関係がある花・飲料を撒いた事例と，そうでない事例に分かれ，前者が11件，後者が6件であった。また行為に関しては，参加者全員が遺灰，花，飲料のどちらかをを撒くケースと，参加者全員が遺灰，花のどちらかを撒くが，飲料は喪主に相当する人だけが撒くケースがあった。

3-2　散骨後の追悼

　散骨後の追悼について，会がもっとも強調するのは，墓参りに代表されるような追悼のあり方から脱却することであり，散骨した場所を訪れることは望ましくないとされていた。また，その他の追悼行為に関しては，具体的な方法は提示されていないが，散骨時の告別と同様，形式にこだわらず，各人が自由に行うことが勧められた。
　以下では，散骨場所を訪れたことがあるか否かと，その他にどのような追悼行為が行われているかを検討する。

1）　散骨場所への訪問
①　散骨場所を訪問する

　散骨した場所を訪れたことがある事例は，S，G，Y，Tであった。
　Sは，一周忌の命日に，姉と一緒に港近くを散策して近くで食事をした。S自身は母親の遺影を飾ってお供えをするなど，「毎日一緒にいるような感覚」があるが，姉は夫と子どもがいてそのような余裕はない。散骨場所はお互いの自宅から2時間以上かかるが，年に一回ぐらい一緒に母親を思い出す機会を作ってもいいのではないかという。

Gも，散骨実施日になると散骨を行った港の公園を娘と一緒に訪れているという。その公園は散骨を行った場所に近いということもあるが，生前に夫とよく来ていた。

　山で散骨を行ったYは，散骨を行った一年ぐらいはその場所を頻繁に訪れていた。撒いた遺灰が長らく解けずに残っていたので，「寒いでしょう」と言いながら葉っぱと土をかけてあげたという。2013年現在は数ヶ月に一度ぐらい一人で訪れ花を手向けている。命日には都合のあう家族と一緒に訪れた後，自宅近くまで戻って食事をする。

　神戸港で父親の散骨を実施したTは，散骨実施日になると散骨した港に近い場所を訪れてはいるが，具体的にどこに行けばいいのか迷っていた。自然葬一周忌の時は，とりあえず散骨実施日の前後で都合のつく日にそれぞれメリケンパークに行って，手を合わせてもらう形式をとってみた。自分も実際にやってみたが観光客が多くて手を合わすことなどできなかったという。

　その次の年は同じ失敗を繰り返さないように，一人で場所を物色した。神戸港が見える六甲ドライブウェイに上がったり，自ら船会社と交渉して散骨を行った場所に船で行ってみたりしたが，「やっぱり落ち着かない」という。結局，神戸港の海が見渡せるホテルの屋上レストランで家族と食事をし，窓に向かってみんなで手を合わせることにしたという。この時は一周忌より落ち着いて追悼ができたように感じたので三周忌も同じようにする予定であるという。しかし「おかしいけど墓などに向かって手を合わす，声をかけることができないのが（原因で），妙に落ち着かなくなった」，「そこにいるという証が必要かもしれない」などと迷いを表した。

②　散骨場所を訪問しない

　散骨場所を訪問したことのない例はI（母親），D，W，N，A，B，M，J，Oがいた。Aは複数の場所で散骨を行っていて，まだ進行中であるため同じ場所を訪れる余裕はないという。その他DとW，Nは散骨を行った場所が遠くて交通の便が悪いことを，散骨実施場所を訪ねない理由の一つして挙げた。ただDは，水があるところならどこでも同じと思っているので父親に

ヨットを教えてもらった琵琶湖を，命日に妹とともに訪れている。

Nは，妻の遺骨をペンダントに入れて常に首にかけているため，わざわざ行かなくてもいいと思っている。二周忌の命日には他県に住んでいる妹が来てくれたので，一緒に近くで食事をしたが，特に命日・散骨実施日に集まることはしていないという。

その他Jは，散骨した場所に弟がいるとも思っていないし，何より両親が高齢であるため遠くまで出かけられないという。命日には両親のところに訪れて自宅近くで食事をしている。

OとBは散骨した場所が自宅の近くであるため行こうとすれば行けるが，その場所に特別な意味はないと思っている。Oは，最初のうちは散骨実施日に自宅で息子と食事をしたが，現在は家族で集まることはない。息子とは彼の結婚をきっかけに不仲になり，娘は海外に住んでいるからである。今は散骨実施日になると普段よりおいしいものを作って，遺影の前に供えるようにしている。Bは，命日を特に意識しておらず，何もしていないという。

2) その他の追悼行為
① 遺影，思い出の写真，自然葬実施証明書，遺骨，その他故人と関係のある物を飾る

まずI（母親），B，J以外のすべての事例において遺影と思い出の写真が飾られている。遺影と思い出の写真の両方を飾っていることが多く，遺影だけを飾っている例はWだけであった。また飾っている場所はG，Y以外は仏壇以外の場所である。

また自然葬実施証明書を飾っているケースはI（夫），S，Oの3件であり，遺骨を少し残してあるG，Y，Oは容器に入れた遺骨を遺影・思い出の写真などと一緒に飾っている。その他，故人の著書（I），故人と生前に行った旅行で買ったおみやげ（O），故人の運転免許証（O）などが他の品と一緒に飾られていた。

② お供え・声かけなどをする

A，S，G，Y，Oは，遺影などを飾ったところにお供え・声かけなどをしている・あるいはしたことがある。

　Aは写真の前に，故人がビールのアテとしてよく食べていたというポテトチップスと初物を供えていた。それは夫の死後1年ばかり続いた。「ポテトチップスは時間が経つとフニャフニャになるし，下げる時は嫌な気持ちになる。」，「実際に食べているわけでもないのに，何してるんだろう」と思うようになったからである。ただ，玄関から入ってきてすぐ目がいくところに，夫のスナップ写真の切り取りと，飼っていた猫の写真の切り取りが額に入れて飾ってある。Aは外から帰ってくると，その写真に向かって「ただいま」という。

　Oは，毎朝茶を，度々食事を遺影の前に供えている。毎朝の茶に関しては，一定の温度になるよう気をつけている。熱くも冷たくもない，一気飲みできるぐらいの温度だが，味を損ねない程度でなければならない。これは夫の生前からやってあげていたことである。夫は朝起きると，茶を一気のみする習慣があった。妻は，そのために夫より早起きして茶を入れ，夫が起き上がってくる時に，ちょうど良い温度になるよう気を配っていた。

　また，薬草と植物に詳しい妻は，月桂樹などを利用して自分でお香を作り，写真の前で炊いている。話しをかけたり頂き物をおいたりもする。筆者が自宅に訪問する前日の夜，「明日は若い女の子が来る，よかったね」と話しかけたという。そして私が持って行った人形焼きを「お土産いただいちゃったよ」と言いながら写真の前においた。

　その他にも遺影の前に茶，水を供える，線香を炊く（G，Y）などの行動が見られる事例もあった。

③　ほとんど何もしない

　Iが自然葬に付した母親は数十年前に亡くなっており，もうこれ以上供養をしなくてもいいと判断したという。母親の写真は2枚ほど持っているが，タンスの中にしまっている。母親と父親の位牌，そして仏壇は専門業者に頼んで処分してもらった。

Bは，両親の遺骨の一部と写真などを，ベッド上の，本などが置ける空間においてある。シルクハンカチに包んで布袋に入れ，さらに蓋付きの紙ケースに入れてある。他に飾っているものはなく，お供えもしていない。すでに触れたように命日にも散骨場所を訪れることなく，特別な行事をやっているわけでもない。両親の誕生日は覚えているものの，命日は思い出したくないという。

　ただ，蝉は地上に出て鳴くようになるまで7年かかるということをテレビで見て，今鳴いている蝉は父が亡くなった年に生を得た蝉だなと思ったことがある。安田会長の「思い出すことが供養」という言葉に同感しているという。

　以上で，ほとんどの自然葬実施者が特定の時期に死者を祈念する場を設けていることがわかった。それは，法事など宗教者が介在した儀礼ではなく，近親者だけが集まって食事をするか，状況によっては一人の内面で完結するような追悼方式である。

　また，死者を祈念する時期として特記すべきことは，命日ではなく散骨実施日を祈念するケースがみられることである。散骨実施日は納骨儀礼が行われた日とちがって，自分の手で故人の遺灰を撒き，また故人との思い出を託した花，飲料を撒くことによって死者に別れをつげた日であり，場合によっては故人の意思が実現された祝うべき日である。

　死者を祈念する場所に関しては，散骨場所を訪問しない人が若干多い結果となった。海での散骨の場合でさえも散骨場所を訪ねるケースが少なくなかったのは注目すべきであろう。遺骨がそこに残ってないのにもかかわらず，何らかの祈念する場所を求めていると考えられる。なかにはTのように遺骨がないことで「落ち着かない」気分を感じる人や，Yのように山で散骨をして，そこに故人がいるかのようにふるまう人がいて，死者を祈念する場所の選定に戸惑いを感じながら追悼の方法を工夫する遺族の様子がうかがえる。

　また，仏壇がないか処分している場合においても遺骨，遺影，思い出の写真など故人と関係のあるものを飾っていることが多く，事例によっては供え

物・声かけなどが行われていた。Oは仏壇を使わないだけでなく，意識的に線香，おりんなども拒否し，アロマランプ，月桂樹の手作り香などを使用している。

　このように，散骨後の追悼行為には，墓参りと仏壇での供養に代表されるような屋外祭祀と屋内祭祀の構造がみられるものの，具体的にいつどこで何を行うかは，行為者の裁量で決まる。そこには，故人と残された者の関係性や死後観，さらには既存の祖先祭祀と供養に対する反発などが渦巻いていた。

　一方，遺骨の扱い方に関しては，故人と関係のあるものと一緒において供え・声かけなどをしたり，Nのように身につけたりするなど，故人の依り代として追悼の対象になっている事例も少なくなかった。これは，会だけでなく，多くの自然葬選択者が自然葬をする理由として挙げる，「遺骨に霊が宿るわけではない」主張とは矛盾する結果である。

　ただ，Bのように命日・散骨実施日に一切の行事を行わず，普段の追悼行為も見られない事例や，「実際に食べているわけでもないのに，何してるんだろう」と自らの行為に懐疑を感じている人もいて，屋外祭祀と屋内祭祀という構造自体が解体していく可能性も否定はできない。

　以上の事例と筆者の観察・インタビューした事例を合わせて示す（**表4－7**）。

表4－7　散骨後の追悼：散骨場所への訪問，その他

名前 (故人の続柄)	散骨場所への訪問	その他
I（夫）	あり （一周忌，二周忌の命日は，夫とよく通っていた蕎麦屋，イタリアンレストランで自然葬参加者たちと食事，三周忌の散骨実施日に散骨を行った港のホテルに泊まる）	故人が使っていた机の上に自然葬実施証明書，遺影，思い出の写真，故人が書いた著書，弔電，アロマランプなどを飾る 毎回の食事と初物を供える 声をかける
I（母親）	なし	なし

D（父親）	なし （命日に父親との思い出がある琵琶湖を訪れる・妹と食事をする）	なし（テレビがある棚の上に思い出の写真を飾る）
W（妻）	なし	遺影を飾る
N（妻）	なし	食卓の近くに思い出の写真を飾る 食事の時に，食卓に妻の分も用意する
S（母親）	あり （散骨実施日に港の公園を散策）	リビングの棚の上に遺影，思い出の写真，自然葬実施証明書を飾る 遺影の前に花，水，お土産などを供える
A（夫）	なし	一緒に使っていた寝室の棚の上に遺影，思い出の写真を飾る 夫の死後1年間は，遺影の前に初物，故人がビールのアテによく食べていたポテトチップスを供えていた写真に向かって「ただいま」と声をかける
B（両親）	なし	なし
M	なし	なし（電話機の横に母親の思い出の写真を飾る）
J（弟）	なし （命日に家族と両親の実家近くで食事をする）	なし
G（夫）	あり （命日に港を訪れる）	仏壇に遺骨，遺影，思い出の写真を飾る 娘と食事をする 遺影の前に花，水などを供え，線香を炊く
Y（夫）	あり （数ヶ月に一度程度，一人で訪れる／命日に家族と訪れる）	仏壇に遺骨の一部が入った小さい壺，遺影を飾る 水を供え，線香を炊く
T（両親）	あり （散骨した海が見えるホテルのレストラン，港の近くなど）	なし（玄関に思い出の写真を飾る）

O（夫）	なし	板の間に夫の遺影，遺骨の一部，思い出の品，夫の運転免許証，自然葬実施証明書，そしてOの実の父親，夫の亡くなった弟の写真を飾る ロウソクをつけ，手作りのお香を炊く 毎朝，飲み頃に冷ましたお茶を供える 声をかける

　故人と関係のある物を飾ること，特に思い出の写真を飾ることは，これまでの日常的な行動の延長であり，追悼行為と見なせるかどうかは事例によって異なる。追悼行為に関する筆者の質問に対してWは遺影を飾っていると答えた反面，H，M，Tは，追悼行為と呼べる行為はしていないが，一応写真を飾っていると曖昧な答えをした。そのため，写真を飾る行動は括弧の中に表記した。

第4節　小結

　これまで，「すすめる会」の会員は実際にどのように自然葬を行っているかを検討した。その結果，第2章で検討した理念型の自然葬とかけ離れている部分が少なくなく，実際はこれまでの慣習に大きく影響されながら多様な形で営まれていることがわかった。これは，第3章で検討した，墓にまつわる慣習を拒否する会員たち自身の語りとも矛盾するようなところもあり，その隔たりのなかで葛藤する会員たちの姿が浮き彫りになった。
　まず，撒かれる遺灰の量と散骨実施場所は，遺骨を死者の依り代とする感覚の有無と，遺骨および死への態度によって左右されていた。ほとんどの事例において，遺骨だけに霊魂が宿るという死後観が拒否されながらも，依然として遺骨が死者の依り代として認識され，それが遺骨および死への態度と相まって多様な形の自然葬を生み出していた。事例検討の結果，粉末化を故人の縁者が行うケースは事例の半数程度に留まり，ゆかりの道具を使う例は稀であった。また，遺灰の全量を撒いて墓をつくらないケースが多いながらも，遺骨の一部を身近に残して死後一緒に撒いてもらおうと思ったり，霊魂

の行方のイメージによってはお供えの対象となっている。

井上治代は，遺骨の一部を身近においておく「手元供養」に関する考察で，親族集団内の連帯にかかわる祖先崇拝が衰退し，近年故人となった親族の者に対して愛情を表現する傾向が強くなるメモリアリズムが，遺骨への愛着として現れているとする［井上治代 2004a］。このような傾向は自然葬においても見られるといえよう。会は「日本人と遺骨」シンポジウムを開催したり，有名な学者に「遺骨シリーズ」を執筆してもらい，遺骨を死者の依り代とする感覚を相対化しようとしてきた。それにもかかわらず，遺骨から死者を連想する感覚は払拭しきれず，時には愛着の対象にもなっている。

このような理念と実際のズレは，会員たちに内面的な葛藤を生じさせている。夫の遺骨の一部を保管しているOは，なぜ遺骨を残しているかという筆者の質問に対して，「今から振り返ってみると遺骨を残す必要はなかった」と，少し後ろめたそうに答えた。また，遺骨は「ただのもの」と語ったBも，最後になって遺骨を一包み残したことを「自分でも不思議」という。

実施場所の空間認識も例外ではない。故人と何らかの思い出があるという理由で特定の実施場所を選ぶ，または後から意味付けをするなど，特定できる空間認識も並行されていることが明らかになった。これは追悼行為において，散骨実施場所に行くか行かないかの選択ともかかわってくる。特定できる空間認識をもって遺骨を撒いている場合，散骨実施場所を訪れている事例が多いのである。

しかし，散骨場所を訪れる自身の行動に懐疑を感じたり，あえて他の理由付けをするなどの語りがみられる他，祈念する場所を年ごとに変えるなど戸惑いと工夫がみられる。さらに海の場合は，遺骨がそこに残っていないという事実が葛藤を増す原因となっている。

また，散骨後の追悼行為においても遺骨，または故人を連想させる物が飾られ，供え物をする行動が見られるなど，屋外祭祀と屋内祭祀の構造は残っている。しかし，なかには「実際に食べているわけでもないのに，何してるんだろう」というZのように懐疑を感じている会員たちもいる。

一方，散骨時の参加者を検討した結果，参加者を家族だけに限定できるか

どうかは，故人の年齢と職業，そして散骨以前にどのような儀式を行ったかが影響するが，会の理想通りに近親者だけが参加する事例が多いことがわかった。それに対して，参加する親族の範囲を葬式より広げたり，葬式は近親者だけで行って散骨にその他の関係者を参加させるなどの事例もあった。これは，聖職者と遺族中心の納骨儀礼とは異なり，参加者全員が故人の遺灰を撒き，場合によっては故人との思い出がある花，飲み物を撒くという告別形式のもつ利点を生かしたものだと思われる。散骨は，新たな告別の場となっていく可能性を秘めている。

遺骨に死者の霊は宿らないという言説と，遺骨を死者の依り代とする感覚のズレは，自然葬選択者の内部だけでなく，自然葬をめぐる社会関係においてもみられる。本人が自然葬を希望しても実施されない理由は，会が想定しているように家，寺檀などの規範的な関係の圧力もあったが，「墓がないとどこにいけばいいかわからない」「どこで思い出すのか」など，故人を追悼する方法にかかわるものが多かった。自然葬選択者たちの周りの人たちも，新しい理念と慣習的な追悼のあり方の間で葛藤しているのである。

このような内外部的にみられる葛藤は，葬送儀礼の「送る」装置としての側面と「送られる」装置としての側面の衝突で起きるものと考えられる。生者が死者を「送る」ために存在してきた葬送儀礼は，抑圧的な経緯で形成されてきたかどうかは別として，遺骨に死者が宿るという観念に基づいていた。それに対して，死にゆく者が「送られる」装置として考案された自然葬では，その観念が拒否された。しかし，儀礼実践を検討した結果，その二つの様相は混じり合っており，時には実施者の内面的な葛藤，あるいは周りの者との葛藤を誘発している。

このような結果が見出せたのは，ここで取り上げたインフォーマントたちのほとんどが，自ら自然葬を希望しながら，先に身内を送った会員たちだからである。第2節の「意思決定と契約」項で検討したように，死にゆく者の希望通りに自然葬が実施されたケースには，実施者自らも自然葬を希望するほどの強い意思をもっていることが多い。これは，実施された自然葬のなかに本人契約より遺族契約の件数が多く，本人契約は解約される場合も少なく

ないという結果からもうかがえる。

　そのため，自然葬の儀礼実践を調査する際，自ら自然葬希望者でありながら実施者でもあるケースに多く出会うことになったと考えられる。彼らは「送られる」装置として葬送儀礼を捉えてきたが，身内に先立たれたことによって，「送る」装置としての葬送儀礼を経験した。そして「送る」側になってみたら，まだ死者の「送り方」に基づいて行動している姿が浮かび上がったのである。

第 3 部
ダイナミズムのなかの自然葬

第5章　日本社会の変化と自然葬の意味再編

第1節　自然葬の普及と「葬送の自由をすすめる会」の推進力低下

1−1　日本社会における散骨の広まり

「すすめる会」の努力や1990年代以降の社会経済的状況が相まって、2000年前後になると「すすめる会」は飛躍的に成長し、日本社会において散骨に対する認識が広まっていった。それは第6章で述べる自然葬の意味再編を促す土台となる。

まず「すすめる会」の成長について見てみよう。第1部で検討したように、一種の社会運動として展開されてきた自然葬普及活動は、第2部で見てきたような、様々な意味づけをもった個人たちによって支えられてきた。

会員数の変化をみると、2005年辺りまで急な増加傾向を見せる（図5−1）。

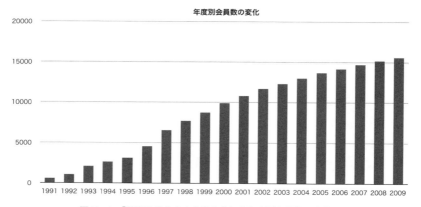

図5−1　「葬送の自由をすすめる会」の年度別会員数の変化

合わせて，自然葬実施回数も増加した。1998年以降は年に100件以上の実績を上げ，2005年に1056件に至っている（図5-2）。

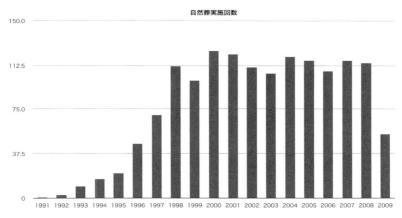

図5-2 「葬送の自由をすすめる会」の年度別自然葬実施回数

このような会員数と自然葬実施回数の増加とともに，財政状況も豊かになっていった。「すすめる会」の主な財源は，会費と本人契約の予納金，会員たちの寄付，そして自然葬基金である。

このうち自然葬基金とは，「再生の森」計画で構想されたものであり，一件あたり3万円以上である。「すすめる会」は，事務手数料以外はほぼ実費で自然葬を実施してきたため，自然葬実施で得られる収益は自然葬基金だけであった。しかしこの自然葬基金も「会の財政基盤が整ってきたので」[『再生』第62号：13] という理由で2006年に廃止された。

以上のような「すすめる会」の成長とともに，日本社会における散骨についての認識も広まっていった。「墓地に関する世論調査」[1] ［総理府内閣府政府広報室 1990］，「墓地に関する意識調査」[2] ［森 1998］，「お墓をめぐる意識調査」[3] ［鈴木 2005］の結果をみると，散骨を葬法として認める割合は，90年度の21.9％から98年度の74.6％，03年度には78.3％まで増加した。また，実際の散骨希望者も98年度の12.8％から03年度には25.3％で，二倍ほど増加した。

散骨への高い関心は、出版物や報道からもうかがえる。散骨に関する内容を扱う書籍が数多く出版され、報道における関心も高くなった。「すすめる会」以外に散骨を行う葬儀業者も現れはじめた。大手としては、公益社が海洋葬という名前で事業を展開した。また、日本郵船が参入し、遺族を乗せず、船の移動中に船長・船員が散骨をするという方式で事業を展開した。

そのほか小規模の散骨業者も増えていった。1998年には散骨を専業とする業者の「風」（東京都立川市）が設立され、これまで3,500件以上の散骨を行った。一般社団法人「日本海洋散骨協会」の代表理事によると、2012年の時点で散骨業を名乗っていた業者は全国で120社ぐらいであるが、実績を伴うのは20社程度であるという。また、「風」のように散骨だけで運営が成り立っている業者は少なく、ほとんどはクルーズ業など、他業種に従事していた業者たちが散骨も兼ねるという方式で行われているという。

1−2 「葬送の自由をすすめる会」の推進力低下

以上のように飛躍的な成長を遂げた「すすめる会」であるが、2005年前後になると会員の数が伸び悩み、運動の推進力も低下することになる。

「すすめる会」の会員数はピーク時の2005年に比べ年々減少した。会員数の停滞傾向は会内部でも問題視され、入会して20年以上が経った会員には特別合同葬を無料で実施する制度や、30歳以下の会員には3000円の会費を2000円に減免する策などが取られた。2005年辺りから始まったというこういった危機感は、筆者がフィールドワークをしている間にも続いた。2011年の支部長会議では、支部会員数を5年ごとに示した資料が配られ、減少傾向にある地域の支部長は、対策を述べないといけなかったという。

会員の高齢化も問題視された。2011年12月のデータでは、75歳以上の後期高齢者の数が60％以上であり、比較的低い年齢層の数が伸び悩んだ。活動家の状況も同じく、70代から80代の年齢層が大半を占めた。2011年の理事会では、「若返りも考えて、理事を改選していきたい」などの問題提起があるぐらいであった。71歳で理事になったある女性は、安田会長から「若いね」と言われたといい、「すすめる会」の状況に苦笑した。これは、会設

立の1991年当初からの顔ぶれがあまり変わらないまま運動が展開されてきたことを意味する。

このような停滞の背景には，日本社会において散骨が広まった状況があると考えられる。

まず，散骨に対する知識の向上と実施業者の増加は，「すすめる会」以外での散骨を可能にした。それ以前は，散骨を希望する場合，「すすめる会」の会員になることしか方法がなかったのであろう。そのなかには，「すすめる会」の理念に通じる意味づけが薄い人たちも含まれていた。第2章で検討したように，会員のなかには，墓の購入と継承上の問題を抱えている割合が高く，理念につながるような意味づけが希薄な会員たちもいた。このような層は，会員になることなく手軽に散骨ができる業者の方に流れやすいと想定される。

しかし何よりも，日本社会における散骨の広まりは「すすめる会」内部に倦怠感をもたらした。「すすめる会」は，「葬送の自由」を具現するものとして自然葬を位置付け，その普及活動に取り組んできた。しかし散骨という葬法がいち早く広まってしまったことによって，目標はすでに達成されたという認識が生まれたのである。

このような認識は，筆者が「すすめる会」でフィールドワークを始めた2008年には，すでに活動家たちの間に蔓延していた。この時期から筆者は，「この会の役目はもう終わった」という表現をよく耳にしていた。なかには，自然葬を実施する自然葬協会だけを残して，「すすめる会」は解体してもいいという活動家や，葬送基本法のことを，「運動体として何かしないといけないからやり出した」と理解する人さえいた。

運動の様々な側面においても不満が募った。「すすめる会」は世論形成のために「自然葬を語る集い」やシンポジウムを定期的に開催してきたが，その際に表出される不満も少なくなかった。その不満とは，社会状況が変わったにも関わらず，レパートリーはそのままということである。例えば，2010年1月23日に京都で開催された「自然葬を語る集い」では，「明治時代の家族国家観，お墓を中心として先祖崇拝をする」，「墓埋法というのはね，それ

ができたのは明治17年です。それは家族国家観とかなり共通するものがあって」などの歴史認識に基づいた墓批判が行われた。散骨を望んだか，実施した有名人たちの話も後を追った。これらは1991年にすでに安田会長の著書『お墓がないと死ねませんか』〔1992〕に記述されている内容であり，「20年経っても同じ話をする」という閉塞感を募らせた。

　また，同じ内容の語りが繰り返されるイベントに対して，「昔は生き方そのものを問うていたのに，最近は墓のことばかり言う」という反応もあった。これは，厚生労働省や自治体の自然葬規制に対抗し，撒く場所に関する論争に集中したことに対する批判であると思われる。

　一方，運動の進め方も問題視された。「すすめる会」が主催するイベントは，有名な学者や芸術家などを語り手として招待することが多く，そこで言われる内容が一般会員や自然葬に関心のある人たちが求めているものとかけ離れているという指摘があった。イベントは，安田会長が会設立当初からのレパートリーを述べ，その次に招待された有名人が個人的な考えや，自分の専門分野と自然葬を関連させて話をするという方式で進められた。しかし，これに対するフロアの質問は，自然葬の方法や関連法律，死生観など，自然葬を実施する上で必要な実際的な情報，または自然葬から感じる戸惑いに関するものが多かった。

　「すすめる会」がこのように会員たちとはかけ離れたエリート主義的なイベントを続けた背景には，メディアからの注目を利用して世論形成をしてきた歴史があった。初期にはまだ「すすめる会」の活動への注目度も高く，有名な学者を呼んでイベントをすると，大手マスコミが殺到したという。この時代の熱気がなくなったことを惜しむ声は，初期からの理事たちを中心に上がっていた。

　このように運動が慣性化し，活動家たちの運動への動機付与が揺らぐなか，「すすめる会」は自らを再定義し，新たな打開策を模索していくことになる。

第2節　市民運動路線の強調とそれによる葛藤

2-1　市民運動路線の強調

「すすめる会」に漂っていた倦怠感と危機意識のなか，会長および中心人物たちが取った路線は，「市民運動」としての自己定義をさらに強化することであった。このなかで理念を具現するものとしての自然葬の意味は，より確固たるものになっていく。

　会の設立当初から市民運動であることは重要な自己認識であったが，散骨が社会に広まった時点で再確認されることとなる。例えば，2000年に刊行された『葬送の自由と自然葬』で安田は，「ただ自然葬への関心の高まりが，ややもすると'葬送の自由'という本旨を見失わせる恐れも出てきた。なかには＜散骨運動＞ときめてかかる人もあらわれた。」とし，会の運動は「葬送の自由」をすすめる「市民運動」であると強調している［山折，安田，葬送の自由をすすめる会　2000：224］。

　ただ，このような自己定義は排他性を帯びることもあった。筆者が「すすめる会」の事務所で電話対応や事務作業を手伝っていた2011年と2012年には，このような傾向を日常的に感じることができた。

　「すすめる会」のこのような態度を，会員や外部に対して発信するのは，事務職員やボランティアたちであった。まず事務所の日課の大半を占めていた電話対応業務を見てみよう。事務局の職員たちは，ここ5年前後の間で，電話問い合わせの質が変わってきたと感じていた。「すすめる会」の運動や自然葬への関心より，「いくらでしてくれるの？」と「葬儀業者扱い」をされることが多いという。このような電話に対して事務職員たちは，私たちは運動体であって散骨業者ではないという論理で，入会を断わる場合が多くなっていた。

　事務職員とボランティアたちを悩ませたのは，自然葬の値段であった。「すすめる会」は，自然葬の実費精算を掲げていたため，特別合同葬だと一人約6万〜10万の金額で自然葬をすることができた。この金額は散骨業者

のなかでも最も安い方であり,「散骨だけを目的」として入会する人が増えた。

「散骨だけを目的」とする会員のなかには,実施後しばらくして退会するか,会費を未納して退会措置になる人が多いという。事務職員たちは,彼らを「正しくない会員」と表現した。それに対して,「すすめる会」の理念に賛同して入会している会員は,「正しい会員」である。

また,市民運動としての方向性を強調し,自らを「葬儀業者」と区別することは,会員たちが死後から自然葬を実施するまでの過程において不便をもたらした。事務所には会員,または会員の家族が亡くなった時点で連絡してくるケースがしばしばあった。会員の多くは臨終からお葬式,自然葬までを,「すすめる会」がしてくれると思っていた。しかし「すすめる会」は,葬儀業者ではないので臨終から火葬,葬式の面倒は見ない,火葬が終わったら再度連絡してください,と答えていた。「葬送」の自由を掲げているので,臨終から葬式,火葬などの面倒も見てもらえると思う一般会員や,自らを市民運動と定義し,その理念を具現する自然葬以外は立ち入らない「すすめる会」の姿勢が衝突する部分である。

初期の「すすめる会」は,「お葬式をどうするか」や祭祀継承者の問題など,臨終から自然葬実施までの過程により関心を寄せていた。また,そのような問題を解決する窓口として「すすめる会」の元理事が設立した「木霊と凪」は,「すすめる会」の会報の中に頻繁に登場し,積極的な連携が結ばれていたと思われる。しかし,2011年の時点では「木霊と凪」と「すすめる会」の連携はすでに弱体化していた。「すすめる会」の会員が「木霊と凪」のサービスや値段にクレームを入れ,それが訴訟問題まで発展したことをきっかけに,「運動体として業者を紹介するのもどうか」という問題意識が浮上したからである。その後は,会員が希望する場合,複数の業者を紹介はするが,会としては一切の責任を取らないという消極的な態度となった。それから臨終から葬式,火葬の問題についての問い合わせは,事務職員の個人的な対応に任せられたのである。

このように,「すすめる会」は自分たちが運動体であることを強調するあ

まり，自然葬に関心を持って新規参入を希望する人たちから乖離していった側面を否定できない。それが最高潮に達したのが葬送基本法運動であった。厚生労働省や自治体の散骨規制を「自然葬を明記する法律がないから」と捉えた安田が，葬送基本法運動を展開することになったことは，第一章で取り上げた通りである。安田によって提案されてからしばらく大きな進展がないままであった葬送基本法運動は，政界につながりのある会員が民主党の議員を紹介したことによって一気に盛り上がった。葬送基本法懇談会や議員会館での議員勉強会が重ねられ，会として葬送基本法案を練り上げるところまで到達した。それには，民主党政権のうちに決着をつけたいという焦りもあったと思われる。

2−2　理念と現実の間の葛藤

　しかし，「すすめる会」内部の世論形成はまとまらないままであった。まず葬送基本法運動の中心メンバー，つまり葬送基本法懇談会委員や「すすめる会」の従来の理事たちの間でも，参加率は低調であった。葬送基本法懇談会委員は，日本社会において影響力があると判断された人物たちで，「すすめる会」が送った葬送基本法アピールに賛同の意を表明した人たちであった。「すすめる会」は，彼らを懇談会委員として冊子に表記するなど広報に取り組んだが，実際の葬送基本法懇談会に顔を出すのは5人ほどの決まったメンバーであった。

　また，一般向けにシンポジウム形式で開かれていた懇談会とは別に，普段の会議に出席する懇談会委員は中村，島田に止まり，そのほかの出席者は会長と理事という従来の顔ぶれであった。葬送基本法の案を練るという具体的な作業に協力したのも，理事と懇談会委員を合わせて4人に過ぎなかった。このような状況のなか，弁護士であり法律に詳しい中村が提出した案が，特に議論されることもないまま「すすめる会」が提議する葬送基本法案として採択された。

　このような葬送基本法運動の不調には，「すすめる会」が市民運動としての自己定義を強調し理念重視の路線に走ることへの反発があった。第1節で

言及したように，活動家たちのなかでも，葬送基本法運動を「運動体として何かしないといけないからやり出した」と理解する人がいたり，「いま自然葬がやれているのに寝た子を起こす必要はないのでは」[『再生』第 79 号：2]という一般会員の意見があった。葬送基本法の署名運動に積極的に取り組んでいたあるボランティアの人も，「いま葬送基本法をすすめる理由がわからない。葬送基本法を焦りすぎて離れる人もたくさんいる」といい，複雑な心境を述べた。

その反発とは，「すすめる会」の土台を揺るがせていた様々な問題に対して，理念を重視するメンバーたちが目を逸らせ，葬送基本法運動だけに集中しているということであった。それを表すのが本人契約制度をめぐる葛藤である。

すでに検討したように，死後の自己決定権を具現する制度が，自然葬の本人契約制度である。契約に際しては，自然葬の場所，概ねの実施時期などを決め，連絡責任者を指定した上で，一定の予納金を収める必要がある。

連絡責任者は，契約者が亡くなった場合，会に連絡して自然葬を実施する責任を持つ人である。確実に自然葬の実施を手助けする人であることが求められ，大概の場合，配偶者，子女，など出自家族がなる場合が多いが，未婚または子女がいない場合は，兄弟，従兄弟，姪，甥などの親戚が連絡責任者となる場合もある。身近な家族，親戚がいない場合，血縁関係はないが親しい人，または民生委員，弁護士，後見人団体などに連絡責任者を委任することもできる。

ここまでが本人契約制度の概要であるが，実際はこの制度の実行において様々な問題が生じている。その原因として，本人契約制度の効力と，会員がこの制度に期待することの相違があった。本人契約制度は基本的に法的拘束力がないが，会員はこの契約をしておくことで，家族の反対が多少あっても実施できると信じている場合が多い。実際にこれまで会った本人契約者の中で，家族と話し合いをしているかという質問に対して，話したことがない，「ちらっと」話しているなどの答えが多かった。「とりあえず本人契約をしておいたから何とか実施されるだろう」という認識をもっている人が大半であ

る。さらに，契約において連絡責任者の自筆署名，印鑑証明などが必要なわけでもなく，捺印だけで成立するため，深く話し合いをしていないまま印鑑を押す場合も多いようである。

　しかし現実は厳しく，本人が死亡した後に契約書を発見しても連絡責任者が自然葬の趣旨をよく理解していなかったり，他の家族，親族の反対にぶつかったりして，実施できないケースが生じている。特に家族／親族ではない友人，弁護士，後見人団体などが連絡責任者となっている場合は，結局のところ最後は家族の反対で雲散する場合がある。遺体および祭祀の権利は，血縁関係にある者が優先されるからである。その詳細は，第4章の実践としての自然葬で検討した通りである。

　さらに，実現されない本人契約のなかでは，契約したことすら忘れられ空中分解するケースがあり，2012年にはその数が74件に上った。そこで生じた予納金の扱いも含めて，問題視されはじめたのである。

　このような問題提起は事務職員たちが中心となって行われた。実際に自然葬業務を担当したのは5人の事務職員であり，自然葬の実情に日常的に接していたからである。安田会長は2008年に体調を崩してから週に2～3回だけ出勤し，ほとんどの理事たちは会議がある時だけ顔を出す状況であった。それに対して事務職員たちは毎日のように電話応対をするなかで，「すすめる会」の理念に基づいた反応を示しながらも，一方ではなんとかしてあげたいという気持ちをもっていた。一種の感情労働者であった彼らは，本人契約や自然葬実施の大変さを解決する根本的な対策を要求した。なかには本人契約制度の廃止を求める職員もいた。

　会長・理事たちと事務職員たちの葛藤は深まっていくばかりであった。それは，本人契約問題がただ解約率や予納金の扱いに止まるのではなく，会長・理事たちのエリート主義への不満までを含んでいたからである。「すすめる会」では，高学歴で社会的に認知度のある人物で構成された理事会と，そうではない事務職員という構図が出来上がっていた。このような構図のなか，事務職員たちは日常業務で自然葬の現実を最もよく知っているにも関わらず，大事なことが決まる理事会には出席できなかった。蓄積された不満は，

事務職員に親和的な立場である事務局長のもとで噴出され，本人契約改定という要求として現れたのである。

このような要求に対する会長と一部の理事たちの答えは，「だから葬送基本法を進めるしかない」ということであり，会長・理事と事務職員たちの葛藤は堂々めぐりであった。この堂々めぐりは，「すすめる会」内部における理念と現実の葛藤を表す事件であった。

事務職員たちの持続的な要求の結果，2012年3月からは，本人契約制度が改定されたが。家族との誠実な話し合いを前提とすることが自然葬の実施を確証するものという認識の上，契約の際に必要な連絡責任者を2人に増やし，捺印だけではなく自筆証明と印鑑証明の提出が追加されたのである。また法的拘束力をもつ遺言書の提出も追加された。また，行政の書類としてこれまでは死亡証明書と火葬許可書だけを要したのに対し，戸籍謄本も求められるようになった。自然葬を実施できなかった場合，連絡をとって払い戻しする家族の所在を確認するためである。また，いずれの方法でも連絡がとれず自然葬が実施できない場合は，予納金を「すすめる会」に寄付するという条項が追加された。しかし，このような改定は末方策に過ぎず，手続きだけが複雑になったと評価された。

しかし，一般会員たちとかけ離れた会の現状への問題提議はここで終わらず，一部の理事はその改善に取り組んだ。その一つが首都圏集会の開催である。それまで「すすめる会」のイベントは，会長や理事，有名人が話すことがメインであり，フロアからの質問は10分程度というトップダウン式であった。このエリート主義的な進行と来場者の要求との乖離に，活動家たちの不満が募ったのは前節で検討した通りである。

また，会員の70%以上が属する「関東支部」では，これらの会主催イベントのほかに会員同士の交流を深める機会は皆無であった。「すすめる会」のイベントへの接近性が落ちる地方支部では会員交流会があったものの，関東支部は「本部が兼務」ということで，その存在が曖昧になっていたのである。このような状況を打破し，トップダウン式ではなく横のつながりを回復しようという趣旨で首都圏集会が企画された。

2012年7月23日に開催された神奈川県集会では，島田の講演が1時間程度で終わり，首都圏集会の主催者である理事の自然葬への思いが語られた。最も長い時間が取られたのは参加者同士の話し合いであった。参加者たちは四つのグループに分かれて円状に座り，一人一人が自分たちがおかれている状況や自然葬への思いを語った。講演者と理事たちもそのグループの一員になって，同等な立場での話し合いが行われた。このような方式のイベントは，「すすめる会」のなかでは初めてであった。
　このように2012年には「すすめる会」内部で葛藤が顕在化し，変化が起きつつあった。しかし2013年の電撃ともいえる会長交代で，これまでの様々な営みは実を結ばないまま，新しい局面に突入した。

第3節　小結

　本章では，「すすめる会」の努力と社会経済的条件が相まって，日本社会において散骨が広まったこと，それによって自然葬の意味が再編されはじめていることを明らかにした。
　散骨についての認識が広まり，散骨を実施する業者が増えるという「すすめる会」外部の状況の変化によって，会内部では「葬送の自由」の実現としての意味が衰退し，推進力が低下していった。このような状況に中心メンバーたちは戸惑いと危機意識を感じつつも，社会運動としての路線を強調する方向に突き進んだ。
　しかし社会運動路線を強調するあまり，こぼれ落ちる問題が顕在化し，会内部では葛藤が深まった。第3章で検討したように，自然葬は多様な意味づけの総体であり，「すすめる会」の理念に必ずしも還元されない意味づけはほとんどすべての会員からみられるものであった。しかし「すすめる会」は，「正しい会員」と「正しくない会員」を区別することによって，このような理念に還元されない意味づけを否定することになる。また「葬儀業者」と自らを区別し社会運動体としての自己認識を強調するあまり，会員たちが自然葬を行うまで実際に必要とするものから手を引いてしまった。

もっとも大きな問題は，死後の自己決定権の具現として位置付けられていた本人契約制度の問題であった。これは，第4章で検討したように，理念と慣習のせめぎ合いのなかで生じていた自然葬実施における矛盾への対応を迫るものであり，社会運動の中心部にいるメンバーたちの理念と，一般会員の立場をも代弁する事務職員がみる現実の対立であった。

注

1) 人口30万人以上の都市に居住する20歳以上男女3000人、有効回収数2,061。
2) 全国20歳以上男女2000人、有効回収数1,524。
3) 満20歳以上の男女2,000人、有効回収数1,409。

第6章　会長交代と新たな問いかけ

第1節　新体制の成立

1－1　新会長就任までの経緯

　安田は2008年に健康上の理由で会長交代を理事会に申し出た［『再生』第68：2］。葬送基本法運動の提唱とほぼ同じ時期であった。安田は，自然葬の普及をもって自分の時代を終え，葬送基本法の制定，海での特別合同葬の拡充，再生の森（国有林の開放，都市緑化との連携），会員の拡充という課題を新会長の時代に持ち越すことを願っていた［『再生』第69号：3］。

　しかし，「すすめる会」内部では後継者の養成ができておらず，会長の要請を受けた理事たちは戸惑った。そして，「会は会長のアイデアと活躍でここまでやってきた。替わる会長をいま選ぶのは無理」「組織を整備し，会長の仕事を分担して運動を進めるなかで時間をかけて選ぶしかない」［『再生』第69号：2］という結論に至り，留保状態が続いた。

　実は会長の公式的な要請以前から後継者探しは始まっていたが，断わられるばかりであった。2005年に次期会長になることを提案されたが断わったという会員の話によると，安田の献身的な努力やカリスマ性が負担になったという。安田は「すすめる会」が展開してきた活動方針の大部分を決めていただけでなく，無給にもかかわらず「すすめる会」の事務所に毎日出勤していた。体調を崩した2008年以前までは，休日に行われる特別合同葬にも必ず立ち会い，自然葬をした遺族たち一人一人に自然葬実施証明書を読み上げて手渡していたという。「すすめる会」の理念に合致する意味づけをもった会員と活動家たちは，安田を深く尊敬していた。「会は安田教」という冗談がされるほどであった。

　難航していた次期会長の物色が進展を見せたのは，葬送基本法運動が表面

的な盛り上がりを見せた 2012 年であった。葬送基本法懇談会委員として積極的に「すすめる会」の活動に参加していた島田が，安田の願いを受け入れたのである。新会長選びについては安田に一任することが決まっていたので［『再生』第 79 号：2］，理事会でも安田会長の意見に従うことになった。

　宗教学者である島田は，オウム真理教に協調的であり，指導していた学生を紹介したという非難を受け教授職を辞任したが，その後も研究・教育や著述活動に従事してきた人物である。島田と安田は，「すすめる会」の初期から面識があった。1992 年に京都大学で開かれた「いま葬式仏教を考える」シンポジウムに一緒に出演したことをきっかけに，1994 年には「森と水を守る自然葬！'再生の森' シンポジウム」にパネリストとして招待されたことがきっかけであった。

　島田が本格的に「すすめる会」とかかわりはじめたのは，ベストセラーとなった『葬式は，要らない』［2010］の出版を通してであった。安田は，島田との対談を会報に大々的に掲載した。その後，島田は葬送基本法懇談会委員となり，中村とともに葬送基本法運動で中心的な役割を果たしていく。

　島田は，『戒名－なぜ死後に名前を変えるのか』［2005］，『戒名は，自分で決める』［2010］，『墓は，造らない－新しい「臨終の作法」』［2011］，『0（ゼロ）葬 あっさり死ぬ』［2014］，『お墓の未来 〜もう「墓守り」で困らない』［2015］，『死に方の思想』［2015］など，墓と葬送に関する多数の著作を執筆し，現在の社会状況に合わなくなった慣習の見直しを促してきた。

　しかし島田の問題意識は安田と一線を画していた。島田は筆者とのインタビューで，自分と安田は，活動の原点が違うことを認めた。彼は，「安田会長は現在の葬送システムだけでなく社会システムに問題を感じ，反発を感じたのが自然葬活動のきっかけとなっているようだが，自分は現システムに対してそんなに不満もないし，反発もない。」という趣旨の言葉を述べた。

　これまでの出版物や，「すすめる会」講演などにおける，戒名や葬式，墓に関しての言及をまとめてみると，彼はそれらに反発を感じるより，「無駄」と思っているようである。例えば，次のような発言がある。「昔，『戒名』という本を出したことがある。なぜその制度が必要なのかを問う。『葬式は要

らない』もそれに繋がっている。参列者もいないし，本当に必要か？ということ。」，「骨が残ることで悩む人がたくさんいる……多額なお金を出さないといけない。」島田が「すすめる会」にかかわるようになった安田との対談でも，このような姿勢がうかがえる。「葬式や墓というものについて，根本的にそれが必要なのか，社会的に問わなくてはならない」[『再生』第78号：6] としているのである。

　このような島田の考え方は，安田が「先祖代々の墓」に代表される墓のあり方を，葬送の自由の抑圧の結果とみなしているのとは対照的である。島田はそれらが「必要か必要でないか」という合理的な視点に立っていた。彼の葬送基本法への取り組みは，「墓に入るという画一的な葬法だけを強制してきた」という安田流の墓埋法への反発ではなく，「国は国民の死後の不安を解決しないといけない」という権利意識に近いものであった。

　このような考え方が登場した意義については，さらなる調査と考察が必要であるが，現段階で次のような展望を述べておきたい。島田の路線は，自然葬の次世代の特徴と繋がる部分があり，これからは合理主義的な意味づけが増える可能性があるということである。

　これまで「すすめる会」の会員の大部分を成していたのは，戦争体験世代と団塊世代であった。彼らが生きてきた時代は，まだ「家」，国家などのシステムが目に見える形で生活世界を制約し，彼らはそれに反発したと想定される。しかし彼らの子供世代においては，もはや反発と抵抗の必要性を感じていないかもしれない。例えば，第3章で述べたAの息子（1971年東京生まれ）は，お墓を建てるか建てないかは個人の自由であり，建てない自由も必要だと思っている。ただ，お墓は値段と最近の家族情勢などを考えると，「合理的な選択肢ではない」といい，島田の考えに通じるところがある。また彼は，母親が葬式で「嫁」役割を強いられ，それに対する反発から自然葬にいたったことを良いとは思っていない。彼は母親が何かに対する反発ではなく，「心からそうしたいと思ってほしかった」という。彼は母親が感じるような「家」への反発を経験したことはなく，墓からシステムの制約を読み取るより，情緒的な絆を見出していた。

1−2 合理主義に立脚した改革

　安田は，島田に会長職を引き継ぎながら，運営における全権を付与し，島田の方針についていっさい関与しない旨を表明したという。顧問や理事会などの組織がありながらも，カリスマ的指導者の意向でほとんどの物事が決まるワントップ体制は，島田体制にも受け継がれた。

　島田は，「20年以上続いてきた組織ですから，実際にその現状に接してみると，いろいろと難しい問題を抱えていることがわかってきました」[『そうそう』第2号：1]といい，就任して間もなく旧体制の改革に取り掛かった。まず業務上では会員管理システムの整備や一部業務のアウトソーシングが行われた。また「すすめる会」の英語名が Grave Free Promotion Society から Soso Japan Society に変わり，この英語名の省略形である「SJS」が会の名称として使われ始めた。会報も『再生』だったものが『そうそう』になり，1号からのスタートになった。

　そのなかでもっとも大きな変化は，運動体としての「仲間」意識と会長のカリスマ性の上で成り立っていた制度が次々と改革されたことである。まず，旧理事たちが一斉に退陣したのと同時に，全国支部組織に対しても，独立して新たな組織を作るか解散する方向性が勧められた。島田は，支部は会員が少ないにもかかわらず，名乗り出た会員が名誉職のような支部役員となり，支部費とボランティア手当を受け取っていると判断した。また，古い役員がそのまま年齢を重ね，新しい人が入りにくいという現状も指摘された。島田は，このようなあり方より，講演会や交流会など必要な時だけ自発的に動く会員組織や，より小規模の会員連絡会といった集まりのあり方を提示した。

　これを受けて各支部は戸惑いや不満を噴出させた。「あまりにも合理化，純化（？）路線に偏りすぎ，全国組織としての組織運動としては問題が多い」[『そうそう』第2号：89]などと非難し，不満を表わした北海道支部は，結局のところ解散することとなった。

　その他，会報発送システムも変革された。旧体制では，友好団体の「木霊と凪」が印刷を担当し，発送作業は事務職員と会員たちの手作業で行われていた。それにはコスト削減という目的もあったが，実際は普段「すすめる

会」と接することの少ない会員たちが，会長や理事，事務職員たちと交流する場となっていた。
　さらに「永続会員の特別合同葬無償実施制度」と，カンパをした会員へのお礼表示も改革の対象となった。永続会員の特別合同葬の無償実施制度は，「すすめる会」が2002年に任意団体からＮＰＯ法人になったことを記念して設けられた。この制度は，「長い間会員として会の活動を支えていただいたことへ感謝の意を表すること，また非特定営利活動法人として運動の趣旨を具体的な形で示し，会員の定着，増加につなげよう」という趣旨のものであった。2002年当初は入会して30年が経った会員に適用される方針であったが，2007年に20年に縮まった。
　対象者には，安田の自筆手紙をコピーしたものと，永続会員特別合同葬申込書が送付された。安田はこの自筆手紙を年ごとに書き換え，運動を支えてきた仲間たちへの感謝を表していた。
　また，「すすめる会」には，会費と一緒にカンパを振り込む会員が多く，その金額は500円から1万円程度であった。「すすめる会」は，一人一人に安田の名前で礼状を出すとともに，会報の裏にカンパした会員の名前と金額を記載していた。会員のなかには，会報で名前を見ることで会とのつながりを感じている人もいた。例えばＩは，夫婦で会員になっていたため合わせて6000円の会費を支払うことになっていたが，毎年1万円を送金し，残りの4千円をカンパに当ててきたという。Ｉは，たまに会報で自分の名前を確認し，「ちゃんと考えてくれてるんだな」と思っていたという。しかし島田は，「寄付は会員の皆さんのために使われるものですから，同じ会員である事務局の職員が礼状を出すというのもおかしなことだと想います。」[『そうそう』第2号：4]といい，寄付会員への礼状や会報における記載を打ち切った。
　以上のように，矛盾に満ちているように見えながらも，「すすめる会」独特の思想や関係性が反映された業務・運営システムを，島田は「このままでは，事務や雑事のための組織なのか，運動体なのかがまったくわからなくなってしまいます。」[『そうそう』第2号：2]という効率重視の視点で改革していったのである。

しかし最も大きな変化は，「すすめる会」の理念の具現として位置付けられていた本人契約制度の廃止であった。島田体制は，2013年に新規の本人契約の受付を中止した。島田は，本人契約制度がこれまでの「すすめる会」の重要な方針である死後の自己決定権の反映であるとし，「まだ，自然葬が十分に認知されていない段階で，自然葬を希望する人の思いが容易にかなうように」[『そうそう』第2号：16] という目的や，本人契約で集まった資金を運用し，運動資金の基礎を作るという目的のものであったと評価した。

その上で島田は，死後の自己決定権の矛盾を次のように指摘した。「人を葬ることが当人にできない以上，自己決定権で押し通すことは，遺族などの自由を侵害し，かえって葬送の自由を実現することに反します。私たちは，自分たちのエゴを満たすためにSJSの運動に参加しているのでしょうか。」[『そうそう』第2号：18] と従来の死後の自己決定権に基づいた運動のあり方を批判した。そして，死後の自己決定権の尊重を運動の柱にするのではなく，「日本社会のなかで葬送の自由が実現され，誰もが'死後の不安'から解放される社会を作り上げるため」[『そうそう』第2号：18] の運動を展開する方針を示した。

このような死後の自己決定権の理解は，旧体制が主張してきた死後の自己決定権の文脈とはすれ違うものであった。第1章第2節の死後の自己決定権で検討したように，「すすめる会」における死後の自己決定権は，「自分の望むやり方で葬られる権利がある」[『そうそう』第2号：15] という普遍的な個人主義に基づいているというより，日本の葬送の文脈，つまり「家」，寺，国家に対抗する「自己」の決定権であった。遺族に向けて死後の自己決定権が発せられるのは，この三つの軸が規定する従来の慣習を遺族が背負っている時だけである。

以上のような経緯に基づき本人契約が廃止されたのは，旧体制に協調していた会員たちには不評であった。本人契約廃止を知らせる会報が発行されてから開かれた関西支部の会員交流会には，それに対する不満を吐露するために初めて参加したという会員がいるほどであった。

第 2 節　ゼロ葬と自然葬の対立

2−1　ゼロ葬の提唱

　死後の自己決定権を批判し，「死後の不安」からの解放を新たな理念として掲げた島田は，それに見合う葬法としてゼロ葬を提唱した。ゼロ葬とは，火葬場で遺骨を引き取らない方法である。島田は，これを墓問題の究極の対策と考えただけでなく，「すすめる会」のこれまでの方向性にも合致するところがあると判断した。ゼロ葬は，「すすめる会」がすすめてきた遺骨への執着からの解放であり，「0の状態で生まれた人間が，ふたたび0の状態に戻るという意味で，自然に還る自然葬と言える」［『そうそう』第2号：22］とした。さらに，「すすめる会」は墓をつくらないことをすすめてきたが，ゼロ葬は自然葬をする必要すらなくなり，自然葬よりも残された者の手を煩わせることなく「あっさり死ぬ」ことができると主張した［『そうそう』第2号：21-23］。彼がゼロ葬の可能性を発見したのは特別合同葬に参加した経験からであり，あまり儀礼行為がなく「あっさりしている」ように見えるので，ゼロ葬も可能なのではないかと思ったという。

　ゼロ葬につながるような考え方は，『葬式は，要らない』刊行に際して行われた安田との対談からその緒を見つけることができる。その当時島田は，「戦後に一番問題になったのは火葬の普及だと思います。遺骨が残ってしまう。火葬技術が発達して強固な骨が火葬場から生産されるようになった。骨上げという儀式が一番の問題です。これがなければもっともろく焼くこともできる。（中略）火葬システムが今の葬送文化を規定している。一番面倒なものと思う。」としている［『再生』第78号：5］。ゼロ葬は，このような彼の問題意識を解決するものであった。

　ゼロ葬は，自然葬とは次の二つの点が異なっている。第一，それぞれの形で行うのであろう追悼行為を除くと，儀礼行為がないことである。これは，「すすめる会」が自然葬を「節度ある」葬送儀礼であると強調し，それなりの儀礼形式を築き上げてきたこととは対比される方向である。第二，「仲間」

がいらないことである。儀礼行為がないので，それを実行する仲間も存在しない。仲間を必要としない特徴は，島田がもう一方で進めていた「マイ自然葬」にも共通していた。自然葬は違法ではないので，しようとすれば一人でもできるということから，「すすめる会」に助言を求めつつ，自主的に実施できるとのことである。島田体制では，2014年から「マイ自然葬セット」の販売を開示した。そこには自然葬の実施案内書や水溶性紙，島田と理事の本が含まれていた。

　旧理事たちは以上のような特徴をもつ島田体制に大々的に反発した。そして2014年現在は，島田体制を覆そうとする動きが起きている。

2-2　旧理事たちの反発

　「すすめる会」の設立メンバーの一人であった酒井と旧理事たちは，「定款にない運動の開始，地方支部への不適切な対応，会計上不明瞭な処理」に反旗を上げ，「葬送の自由をすすめる会を明るくするための有志の会」（以下，「有志の会」）を組織した。「有志の会」は，自分たちの意見への賛成を促しながら島田体制に圧力をかけ，事態は2015年8月現在も動いている途中である。

　ここで最も争点になったのは，ゼロ葬への批判である。「有志の会」が2015年2月に島田に送った要望書によると，「島田会長は'自然葬からゼロ葬へ'と，会のこれまでの基本方針である自然葬から，その運動の方向転換を訴え続けています。火葬場に遺骨を放置して終わるゼロ葬と，遺骨（遺灰）に哀悼を込めて海や山に自然に還す自然葬とは，基本的に相容れないものです。定款にはゼロ葬は書いてありません。」と，ゼロ葬が自然葬の意味を受け継がないものであるという認識が示されている。

　まだ会員たちのゼロ葬への考え方を俯瞰できるデータはないが，筆者が聞いたところ三種類の意見がある。第一は，「有志の会」の認識に近い意見であり，「ただの遺骨の廃棄である」，「人間はあっさり死ぬことはできない」，「思想がない」などの批判があった。第二は，自分は自然葬を望まないけど，「葬送の自由」なのでゼロ葬もあっていいという意見である。

第三は，ゼロ葬賛成派の考え方である。第3章で検討した会員のなかで，「死んだらただのものになる」，「何も残したくない」という意味づけから自然葬を選んでいる人たちがいたが，彼らのほとんどはゼロ葬に賛成した。そして，「放置された骨もいつか土に還るでしょう」という論理で，自然回帰の意味づけも依然と保持している。「山にいる熊や鹿も死ねばそこで土にかえるのですが，人もそのような自然ないき方が望ましいと思います。もちろん，人の骨が地面に転がっているようでは困りますが，そこを調整したものがゼロ葬でしょう。（中略）ゼロ葬を知れば散骨はやはり中途半端だと思います。」［「葬送の自由をすすめる会」HP，2015.8.20 記事］という意見もあった。

　実は，死んだらただのものになるという発想は，安田にも共通していた。旧体制では「節度ある」自然葬を強調したためあまり表面化しなかったが，安田が法律的に自然葬は可能であるというヒントを得たのは，島田も書いているように関西と関東の収骨の量の違いであった。関東の火葬場では焼いた骨をすべて引き取るが，関西では一部しか引き取らず，残りは産業廃棄物になるということを知ったのである。ここから，捨てられる骨は産業廃棄物というゴミであるため，遺骨遺棄罪に抵触しないだろうという発想が生まれた。実際に安田は筆者との会話において，骨を「捨てる」という表現をしばしば使っていた。

　それにもかかわらず，ゼロ葬の考え方を自然葬の理念と違うという点で貶めるような旧理事たちの態度は，「すすめる会」が自然葬の意味再編のなかで社会運動としての路線を強調し，多様な意味づけを否定したのと一脈相通ずるものではないだろうか。旧理事たちの体制転換の試みがどのように展開されるかはこれからであるが，体制転換に成功したとしても，ゼロ葬という考え方がもつ意義が，会内部で論議されるかどうかは注目されるところである。

　このようにゼロ葬と自然葬をめぐって様々な意見が錯綜するなか，島田は「この会は'葬送の自由'をすすめる会か'自然葬'をすすめる会か」［『そうそう』第4号：6］という意味深長な疑問を投げかけた。その答え探しは現在もなお進行中である[1)]。

第3節　小結

　本章では，「すすめる会」の会長が合理主義に徹底した島田に代わり，運営面だけでなく理念や葬法においても大きな変化に迫られている現状を述べた。

　まず島田の合理主義路線の意義を，まだ予測段階ではあるが，「すすめる会」，さらには日本社会の世代間の差として捉えた。団塊以降の世代は，墓を規定してきた制度の圧力を前の世代ほど体感しておらず，それが合理主義的な方向性を生み出していく可能性がある。

　また，島田が合理主義と権利意識のもとで死後の自己決定権を批判し本人契約制度を廃止したことについて述べた。その代わりに島田が提示した新しい路線は，「死後の不安」からの解放を新たな理念とし，ゼロ葬をすすめるものであった。ゼロ葬は，儀礼行為を伴わない，仲間を必要としないという点で，自然葬とは異なっている。

　以上のような改革を試みた島田体制は，旧理事たちを中心とする「有志の会」によって転覆されようとしている。しかし島田会長の新たな問いかけが，これから自然葬の意味再編にどのような影響を与えていくかは注目されるところである。

注

1) 本内容は2014年6月を起点にするものである。2018年現在は、旧体制の理事であった人物が会長である。

終章 「送られる」と「送る」の間で

　ここまで，「すすめる会」を中心に近代の日本に形成された共同体と宗教を超えたところで葬送儀礼がいかに生成されているか，またそれに携わる人々はどのように死と向き合っているかを検討してきた。

　日本では 1990 年以降，合葬墓，樹木葬，自然葬などの新しい葬送儀礼が登場した。このような現象は，主に祖先祭祀の変化に関する研究で，少子高齢化や人口移動，個人化の結果として捉えられてきた。これらの研究は，新しい葬送儀礼の出現を可能にした社会構造の変化に関して基礎的なデータと見方を提供しているが，自然葬については，社会変化の延長上に位置付け，その特徴を指摘する程度に止まっている。

　そこで本書は，自然葬という新しい葬送儀礼が死を受容するための装置としていかに生成し，作動していくかを明らかにしようとした。文化人類学の葬送儀礼研究は，当該社会において，死を受容する装置としての葬送儀礼の位相を解明する枠組みを探求しており，本書に示唆を与えた。ただ，これらの研究では，葬送儀礼が，社会構造と文化的価値を映し出すものとして捉えられ，ある共同体に内在する死の観念を描き出すことが目指されており，個人化が進んでいる現代日本社会の葬送儀礼を把握するには不十分であると考えられる。もはや葬送儀礼は所与のものではなくなり，死の観念も多様化しているからである。

　本書は，葬送儀礼は，共同体に存在する型に沿って行われるのではなく，人々がもっている，多様かつ移ろいやすい観念によって構築されるものであるという視座を提示した。さらに，葬送儀礼が死にゆく当事者の固有のものとして認識されるようになり［村上興匡 2003：362］，生者が主体となって死者を「送る」装置から，死者が主体となって「送られる」装置としての側面が強化されていることに目を向け，どのような新たな「送られ方（＝死に方）」

が模索されるかを究明しようとした。

　本章では，このような視座から明らかにしてきた内容について，新しい葬送儀礼研究を振り返りながら論じたい。

第1節　「市民」として死ぬこと

　これまでの日本における新しい葬送儀礼に関する研究では，主に近代以降に形成された共同体と宗教が揺さぶられている現代において，従来の血縁と地縁ではなく墓に一緒に入る人同士のゆるやかな共同性を提示する合葬墓・桜葬，「家」の永続性の代わりに自然界に生まれ変わるといった生態主義的な永続性（ecological immortality）を提示する樹木葬の事例などが報告されてきた（序章第2節2-2）。本書では，それに並んで「市民」としての死に方を提示する「すすめる会」の実態を明らかにした。それが第1部の内容である。

　第1部では，「すすめる会」の社会運動としての側面に注目し，「すすめる会」がどのような死に方を提示し，どのような儀礼を作り上げているかについて述べた。第1章では，社会運動体としての「すすめる会」の理念を検討した。「すすめる会」は，「墓に入る・入れる」という通念を覆すために，死後の自己決定権，エコロジズム，死後観としての自然回帰思想を提示していることを明らかにした。死後の自己決定権に関しては，これまでの日本の葬送を規定してきた「家」，商業主義，国家に対抗する手段として死後の自己決定権が使われ，それらから脱却した葬り方としての自然葬が提示された。エコロジズムに関しては，人間を生態系の一部として捉える世界観のもと，環境保全に値する葬り方としての自然葬の意味が掲げられた。また，エコロジズムは自然葬の環境的価値を成しているだけでなく，自然に還るという死後観をも形成していた。ただ，霊魂の行方という想像力は貧しく，物質としての遺灰が行き着く場所としての自然が描かれ，近代自然科学と結びついた死後観が提示された。

　このような「すすめる会」の理念は1980年以降に登場した「新しい社会運動」の潮流と歩調を合わせるものであり，葬送儀礼という生活世界の領域

に，家制度と結びついた国家，そして商業主義が過度に介入してくることへの抵抗であった。「すすめる会」の中心メンバーたちは，これまでも様々な「新しい社会運動」にかかわってきた経験があり，「すすめる会」の運動には，このようなバックグラウンドをもった人たちが目指す理想的な死に方が凝縮されていた。「すすめる会」は，「家」，国家など近代的な共同体の成員ではなく，死後の自己決定権をもち，死に方を自覚的に追及・選択する「市民」としての死の迎え方を提示している。

同時期に生まれた新しい葬送儀礼が代案的な共同性を追求し，実施者同士，あるいは実施者と実施団体の関係に依拠して葬送儀礼を実施しようとしたとすると，「市民」としての死に方を追求する「すすめる会」は，むしろ葬送儀礼の実施に必要なことを「市民」の権利として国家に要求する立場であった。それが具現化したのが「葬送基本法」運動である（第1部第1章 2-3）。そのため，「すすめる会」では会員同士でも同じ意志を共有する「仲間」以上の共同性が見られなかったと考えられる（序章第5節 2-3）。

一方，第3章では，会員たちの自然葬への意味づけを検討し，会員たちは，「すすめる会」が提示する「市民」としての死の迎え方と自然葬の意味を，自分の経験の上で再解釈しながら死と向き合っていることが明らかになった。「すすめる会」に呼応する人たちは，別稿でも論じたように，戦争，あるいは学生運動の体験を自然葬の意味づけにまでつなげる人が多い［金セッピョル 2012：181-188］。それに加えて，第3章では「家」に従属的な女性の地位に対する反発，「家」の重圧感から自然葬を選ぶケースも見られた。彼らは，かつて家族国家観を支えるものであり，また女性の従属を強いる装置として「家」の墓を捉えている。敗戦と戦後の民主化，大衆消費社会化の時代を生きてきて，新しい価値観を内面化した彼らは，戦後も相変わらず「家」の価値を保ち続ける墓に反発したのであろう。

「すすめる会」の理念は，個別的な経験から生まれた疑問や不満を言語化し，正当性を担保する役割を果たしている。さらに，正当性が担保された個別的な自然葬の意味は，親戚の反対など，会員たちを取り巻く圧力に対抗する手段となった。また一方では，慣習的な考え方との間で戸惑う会員自身を

慰め，納得させる役割を果たしている。これは，「すすめる会」が，死後の自己決定権の確立や環境保全という公共的な目標を掲げているからこそ可能である。

　しかし，「すすめる会」の努力と社会経済的条件が相まって「すすめる会」外部でも散骨が広まり，また「家」，国家の圧力をそれほど意識しない団塊以降の世代になると，「市民」として死ぬことを提示してきた意義は薄れていく。それにも関わらず，「すすめる会」は従来の路線を突き進み，会内部で葛藤が広まった。「すすめる会」の制度化とも言えるこのような傾向は，合理主義の路線に立ち，「死後の不安」からの解放を新たな理念として掲げ，ゼロ葬を推進した新体制への反発につながった（第3部第5章，第6章）。

第2節　構築される自然葬

　第1部第2章では，自然葬を構成する儀礼の諸形態を所与のものとして捉えるのではなく，「すすめる会」の理念が儀礼に投影され，自然葬が既存の墓に対抗するような形で周到に構成されてきたことを明らかにした。環境破壊への関心と自然回帰思想というエコロジー運動としての側面は，遺灰を全部撒いて墓を造らない，「大自然の中」と称される広くて抽象的な空間に撒く，散骨した場所を訪れないという方向性を生み出した。また，自己決定と自然回帰の思想は，家と寺の圧力を拒否し，さらには仏教式などの形式にこだわらない告別・追悼方法を追求すること，葬儀業者の指示・提案に流されないことなどにも影響していると思われる。つまり，自然葬では，墓，あるいは墓のような空間を「つくらない」，遺灰を撒いた場所を「訪れない」，仏教式の追悼や商業的な葬儀を「しない」といった，従来の墓を中心とした葬送儀礼を「行わない」ことに重要な意味が付与されている。

　「すすめる会」における自然葬は，墓を購入しても継ぎ手がいない，あるいは継ぎ手がいても負担をかけたくないなどの，墓の購入と継承問題への対応を主な目的に据えているわけではなく，また近年の葬送儀礼をめぐる言説で見られるように，「簡素化」という言葉でまとめられるものでもない。自

然葬においては，ある儀礼行為を「行わない」ことは，ある儀礼行為を「行う」ことと同等の重さをもつものであった。これは，「すすめる会」の儀礼形成過程だけでなく，会員たちの自然葬実践でも確認することができる。第3章と第4章では，従来の葬送儀礼を「行わない」ことに人生経験を踏まえて意味付与をし，またそれを実践するために多大な努力をはらい，時には家族・親族との対立までも辞さない会員たちの姿が浮かび上がった。

　儀礼は，社会的現実を反映するものであると同時に，社会的現実を作り上げるためのものでもある。C. ギアーツは，文化は経験されたものが分節化されて認識される際の基準（model of）になる一方，行為を定形化し秩序づけるための基準（model for）になるとした。宗教はそういった文化体系の一部であり，儀礼はそれが具現化する装置である［ギアーツ 1987：154-156］。新しい葬送儀礼の出現を少子高齢化や人口移動，個人化の結果として捉えるこれまでの研究は，主に前者の立場，つまり現実を反映するものとして葬送儀礼を捉えていると言えよう。血縁，地縁共同体が弱体化し，そのなかで共有されてきた共同性や永続性などの規範が薄れたことを反映するものとみる視座である。しかし同時に，自然葬はそれらの規範から抜け出し，「市民」としての生き方—死に方を考える上で，新しい現実を作り上げるために構築されたものでもある。新しい葬送儀礼は，近代以降に形成された共同体と宗教が揺さぶられている現代において，新しい秩序を生み出そうとする試みであった。

第3節　「送る」装置の再発見

　このように理念を反映して構築されてきた自然葬であるが，実践レベルにおいては理念とかけ離れている部分が少なくなく，これまでの慣習に大きく影響されながら多様な形で営まれていることがわかった（第2部第4章）。これは，第2部第3章で検討した，墓にまつわる慣習を拒否する会員たち自身の語りと矛盾するようなものであり，頑固に慣習を拒否しようとした人たちも，理念と慣習の間で葛藤している姿が浮き彫りになった。それは，遺骨

に霊魂が宿るという死後観を拒否しながらも，依然として遺骨を死者の依り代として認識する，理念と慣習的な感覚のズレから発生するものであり，遺体処理，社会関係，告別と追悼の形に影響を与えていた。

遺体処理では，遺族が故人ゆかりの道具で遺骨を粉末化できるかどうかは，故人の人格と死に向き合う姿勢で決まるが，それには遺骨を死者の依り代とする感覚が影響していた。またこの感覚は，「すすめる会」の提示する理想的な自然葬の通り，遺灰の全量を撒くかどうか，特定できる場所に撒くかどうかにも影響し，最終的には散骨した場所を訪れる／訪れない，遺骨に対して追悼行為をする／しないという選択肢の間で，多様な実践を生み出している。また，遺骨に死者の霊は宿らないという言説と，遺骨を死者の依り代とする感覚は，自然葬選択者たちの周りの人たちにも見られ，「墓がないとどこにいけばいいかわからない」「どこで思い出すのか」などの理由で自然葬を反対する結果をもたらすこともある。

本書では，このようなズレを，葬送儀礼の「送られる」装置としての側面と「送る」装置としての側面の衝突で起きるものと捉えた。これらのデータのほとんどとなったのは，自ら自然葬を希望しながら，先に身内を送った会員たちである。「すすめる会」は死にゆく当事者が主体となって「送られる」装置として葬送儀礼を捉え，近代につくられたとされる共同性に基づいた儀礼を省いてきた。しかし身内に先立たれたことによって「送る」側になってみたら，従来の死者の「送り方」に基づいて行動し，その行動に対して自ら葛藤を経験している姿が浮かび上がった。

その背景として，従来の共同性に基づいた儀礼を排除した結果，親密な関係を前提とする共同性の受け皿となる儀礼までも排除することになったことが考えられる。「すすめる会」は「送られる」装置としての葬送儀礼を構築してきたが，会員たちは今，「送る」装置としての必要性に直面しているといえよう。

第4節　新しい死の受容装置としての自然葬の有効性

　最後に，筆者なりに自然葬の意義を評価し，日本における死と葬送儀礼のゆくえを展望したい。青木は，儀礼の形式，内容，表現，組織，構造，機能の分析だけでなく，儀礼の実行が成功したか否かを評価することによって，儀礼全体の意味と価値が明らかになるとした［青木 1997：8-9］。死の観念が揺れ動いている現代日本社会において，自然葬という新しい葬送儀礼は死を受容する装置として成功したのであろうか。これは序章の冒頭で取り上げた，「弟の死が実際に起きたと実感」できなかった人が，「すすめる会」の活動を通してつくりあげてきた自然葬を通して，自ら，またこれから見送る人々の死を「実感」できるようになったかという問いに通じる。

　「すすめる会」は，「市民」としての死に方を訴え，それに共鳴する会員たちに，自分たちの人生を新たな秩序のもとで振り返らせ，そのなかで死の意味を探るきっかけを提供した。そういった死に方に基づいて形成された自然葬を選択・実施することは，死をより納得しやすいものに転換させるのかもしれない。実際に自然葬の契約を済ませた人々は「安心して死ねる」と口を揃えて話すのである。つまり「送られる」装置としての役割は果たしているようにみられる。

　しかし葬送儀礼は相変わらず「送る」装置としての側面を要請されており，第4章で浮き彫りになった葛藤をみる限り，他者の死を変換する装置として十分に成り立っているとは言えない。遺骨を粉末にする時，遺骨を撒く量と場所を決める時，そして散骨後の追悼を行う対象と場所を選ぶ時に感じる戸惑い，そしてやりきれない気持ちがそれを物語る。

　そのためか，死者を「送る」ことができていないような兆候がみられる。夫の散骨を終えて家に帰ってきては，夫の写真に向かって「ただいま」という人，「そこらへん」にいるので家中どこでもしゃべりかけられるという人の事例からは，Kawanoも言及しているように，死者が常に周りにいるような感覚がみられる［Kawano 2010：139］。またその感覚に基づいた行動と語り

は，まるで生者に接しているような日常的な行為である。

　死者が常に周りにいるような感覚に関しては，従来の仏壇祭祀との連続性も考えられるため，さらなる検討を要する。しかし，死者を，生者と分離された世界に「送る」ことをせず，生者と似たような状態で，生者の世界に留まり続ける存在として認識している可能性は，十分にあると考えられる。そもそも，葬送儀礼を死にゆく者固有のものとして認識することは，死後，生者の世界と分離された世界に移行するのではなく，生前と同様の意思をもった，連続的な存在とする認識があるから可能なことでもある。

　このような点を考えると，死者を「送らない」ということは，死を受容する装置としての失敗ではなく，死の観念そのものが変化していく可能性も排除できない。より長期的な観点で，死が生と分離される何かではなく，生と連続的なものと認識される可能性を検討していく必要がある。その場合，死による分離と移行を前提としてきた文化人類学の葬送儀礼論は，再考を要請されることになるのであろう。

付　録

図版一覧
　　粉末化
写真1　遺骨を粉末化する機械
写真2　遺灰選別作業。ふるいに残った5ミリ以上の遺灰は，
　　　　さらに機械にかけられる
写真3　粉末化した遺灰を水溶性紙に包む
　　散骨（海）
写真4　遺灰を海に投げる
写真5　花びらを撒く
写真6　飲料を撒く
　　散骨（山）
写真7　遺族が遺灰を撒く場所を物色している
写真8　木の下に遺灰を撒いた様子

粉末化

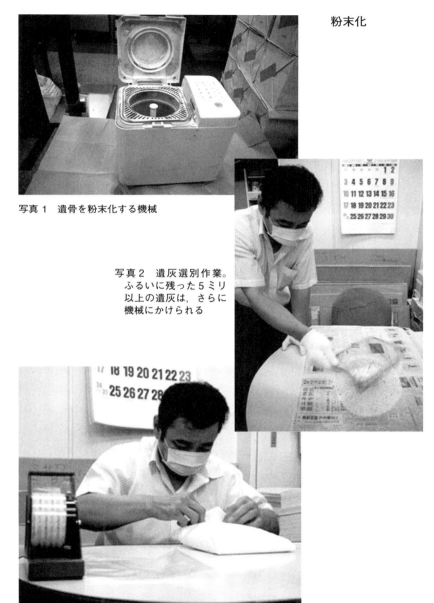

写真1 遺骨を粉末化する機械

写真2 遺灰選別作業。ふるいに残った5ミリ以上の遺灰は、さらに機械にかけられる

写真3 粉末化した遺灰を水溶性紙に包む

散骨 (海)

写真4 遺灰を海に投げる

写真5 花びらを撒く

写真6 飲料を撒く

散骨（山）

写真7　遺族が遺灰を撒く場所を物色している

写真8　木の下に遺灰を撒いた様子

参考文献

青木　保
　1997「序　儀礼という領域」『儀礼とパフォーマンス』，青木　保，内堀基光，梶原景昭，小松和彦，清水昭俊，中林伸浩，福井勝義，船曳健夫，山下晋司（編），pp.1-19, 岩波書店。

赤池憲昭
　2000「『自然葬』論議」『愛知学院大学文学部紀要』30：211-217。

浅見　洋
　2006「在宅における終末期高齢者が表出した死生観とその宗教学的考察――訪問看護師への聞き取り調査を通して」『宗教研究』80（2）：259-284。

アリエス，フィリップ
　1975=1983『死と歴史』伊藤　晃，成瀬駒男（訳），みすず書房
　1977=1990a『死を前にした人間』成瀬駒男（訳），みすず書房

池上良正
　2006「死者の「祭祀」と「供養」をめぐって」『死生学年報』2：99-120。

石井　進
　1993「中世墓研究の課題」『中世社会と墳墓――考古学と中世史研究』3，石井　進，萩原三雄（編），pp.181-201，名著出版。

石川栄吉
　1985『生と死の人類学』講談社。

市川秀之
　2002「先祖代々之墓の成立」『日本民俗学』230：1-26。

伊藤久嗣
　1993「中世墓をめぐる一視点」『中世社会と墳墓――考古学と中世史研究』3，石井　進，萩原三雄（編），pp.39-62，名著出版。

伊藤幹治
　1982『家族国家観の人類学』ミネルヴァ書房。

井上章一
　1984『霊柩車の誕生』朝日新聞社。

井上忠司
　1987「社縁の人間関係」『日本人の人間関係』，栗田靖之（編），pp.244-259，ドメス出版。

井上治代
　2001「産業化による人口移動と墓祭祀の変容――鹿児島県大浦町調査より――」『宗教と社会』7：47-70。
　2003『墓と家族の変容』岩波書店。

参考文献

2004a「配偶者喪失と核家族の死者祭祀－遺骨との対話が‘生きがい’（高齢者の生きがいと家族）」『生きがい研究』10：65-84。

2004b「家族の彼方――‘集団から個人へ’価値意識の転換」『宗教のゆくえ』，池上良正，島薗　進，末木文美士，小田淑子，鶴岡賀雄，関　一敏（編），pp.103-132，岩波書店。

2006「変貌する死者と生者の接点」『思想の身体：死の巻』，中村生雄（編），pp.155-188，春秋社。

2007「死者儀礼のいま」『シリーズ　宗教で解く「現代」vol.3　葬送のかたち――死者供養のあり方と先祖を考える』，井上治代，加地伸行，川村邦光，孝本貢，大濱徹也（他　著），pp.1-17，佼成出版社。

今村仁司

1989「イデオロギーとプラクティス」『人類学的認識の冒険－イデオロギーとプラクティス』田辺繁治（編），pp.123-145，同文舘出版。

岩田重則

2003『墓の民俗学』吉川弘文館。

2006『「お墓」の誕生』岩波書店。

上杉妙子

1994「‘位牌分け’慣行の変化における僧の関与――習合の微視的過程についての一分析――」『民族学研究』59（2）：103-130。

上田長生

2010「江戸時代の天皇陵――幕末期の陵墓修復と地域社会」『歴史のなかの天皇陵』，高木博志，山田邦和（編），pp.131-162，思文閣出版。

上野千鶴子

1987「選べる縁・選べない縁」『日本人の人間関係』，栗田靖之（編），pp.226-243，ドメス出版。

内堀基光

1987「葬制」『文化人類学事典』，石川栄吉，梅棹忠夫，大林太良，蒲生正男，佐々木高明，祖父江孝男（編），pp.429-430，弘文堂。

1997「死にゆくものへの儀礼」『儀礼とパフォーマンス』，青木　保，内堀基光，梶原景昭，小松和彦，清水昭俊，中林伸浩，福井勝義，船曳健夫，山下晋司（編），pp.79-104，岩波書店。

内堀基光，山下晋司

1986 = 2006『死の人類学』弘文堂。

エルツ，ロベール

1907=2001「死の集合表象研究への寄与」『右手の優越－宗教的両極性の研究』，吉田禎吾，板橋作美，内藤莞爾（訳）：筑摩書房。

オームス，ヘルマン

1987『祖先崇拝のシンボリズム』弘文堂。

大藤　修

2005「宗門人別改帳」『民俗小事典　死と葬送』，新谷尚紀・関沢まゆみ（編），pp.239，吉川弘文館。
大畑裕嗣
　　　2010「「新しい社会運動」論」『社会学事典』日本社会学会社会学事典刊行委員会（編），pp.816-817，丸善株式会社。
大林太良
　　　1997『葬制の起源』中央公論社。
小熊英二
　　　2009a『1968：若者たちの叛乱とその背景』新曜社。
　　　2009b『1968：叛乱の終焉とその遺産』新曜社。
小田　亮
　　　2004「共同体という概念の脱／再構築―序にかえて―」『文化人類学』69（2）：236-246。
鏡味治也
　　　2005「共同体性の近代：バリ島の火葬儀礼の実施体制の変化から考える」『文化人類学』69（4）：540-555。
加地伸行
　　　1998『家族の思想：儒教的死生観の果実』PHP研究所。
勝田　至
　　　2003『死者たちの中世』吉川弘文館。
　　　2006『日本中世の墓と葬送』吉川弘文館。
　　　2012『日本葬制史』吉川弘文館。
加藤正春
　　　2000「沖縄の'別れ遊び'儀礼の考察：若者仲間による葬宴と死者観念」『民族学研究』65（3）：209-229。
川口幸大
　　　2004「共産党の政策下における葬送儀礼の変容と持続：広東省珠江デルタの事例から」『文化人類学』69（1）：193-212。
川又俊則
　　　2000「キリスト教受容の現代的課題」『宗教研究』326：25-48。
　　　2002『ライフヒストリー研究の基礎―個人の「語り」にみる現代日本のキリスト教―』創風社。
蒲池勢至
　　　1993「無墓制と真宗の墓制」『国立歴史民俗博物館研究報告』49：209-246。
ギアーツ・C
　　　1987「文化システムとしての宗教」『文化の解釈学Ｉ』吉田禎吾，柳川啓一，中牧弘允，板橋作美（訳），pp. 145-324, 岩波書店。
木下光生
　　　2010『近世三昧聖と葬送文化』塙書房。

2012「近世の葬送と墓制」『日本葬制史』勝田　至（編），pp.180-246，吉川弘文堂。
金　亮希
　　2009「樹木葬会員の意識からみた樹木葬墓地の今後の課題」『東京大学農学部演習林報告』121：117-148。
金　亮希，永田　信
　　2008「新たな墓地形態としての樹木葬墓地の現状と今後の課題」『林業経済』60(10)：2-17。
金セッピョル
　　2012「自然葬の誕生─近代日本的価値の拒否─」『総研大文化科学研究』8：177-293。
国立歴史民俗博物館，山田慎也，鈴木岩弓（編）
　　2014『変容する死の文化－現代東アジアの葬送と墓制』東京大学出版部。
孝本　貢
　　2001『現代日本における先祖祭祀』御茶の水書房。
小谷みどり
　　2006『変わるお葬式，消えるお墓』岩波書店。
小林紀由
　　1992「日本社会の世俗化をめぐる一考察─'葬送の自由'の運動を中心として」『精神科学』31：33-44。
ゴーラー，ジェフリー
　　1965=1986『死と悲しみの社会学』宇都宮輝夫（訳），ヨルダン社。
五来　重
　　1992『葬と供養』東方出版。
坂田　聡
　　1997『日本中世の氏・家・村』校倉書房。
狭川真一
　　2007「中世の火葬，その初期の形態」『墓と葬送の中世』，狭川真一（編），pp.155-178，高志書院。
桜井　厚
　　2002『インタビューの社会学：ライフストーリーの聞き方』せりか書房。
桜井厚，小林多寿子
　　2005『ライフストーリー・インタビュー：質的研究入門』せりか書房。
佐藤弘夫
　　2008『死者のゆくえ』岩田書院。
塩原　勉
　　1988「社会運動」『社会学事典』，見田宗介・栗原　彬・田中義久（編），pp.390，弘文堂。
島田裕巳
　　2010『葬式はいらない』幻冬舎。

2005『戒名－なぜ死後に名前を変えるのか』法蔵館。
　　2010『戒名は，自分で決める』幻冬舎。
　　2011『墓は，造らない－新しい「臨終の作法」』大和書房。
　　2014『0（ゼロ）葬あっさり死ぬ』集英社。
　　2015『お墓の未来～もう「墓守り」で困らない』マイナビ。
　　2015『死に方の思想』祥伝社
社会運動研究会（編）
　　1999『社会運動研究の新動向』成文堂。
ジャンケレヴィッチ，ウラジーミル
　　1966=1978『死』仲澤紀雄（訳）みすず書房。
ジュネップ，アルノルド・ヴァン
　　1909=1999『通過儀礼』秋山さと子，弥永信美（訳），新思索社。
白石太一郎
　　1993「奈良県宇陀地方の中世墓地」『国立歴史民俗博物館研究報告』49：93-132。
新谷尚紀
　　1991『両墓制と他界観』吉川弘文館。
　　1992『日本人の葬儀』紀伊国屋書店。
　　1999『死後の環境』昭和堂。
　　2009『お葬式：死と慰霊の日本史』吉川弘文館。
新谷尚紀，関沢まゆみ
　　2005『民俗小事典死と葬送』吉川弘文館。
鈴木岩弓（代表）
　　2005『死者と追悼をめぐる意識変化：葬送と墓についての統合的研究』文部科学省科学研究費補助金研究成果報告書。
須藤寛人
　　2003「仏壇・位牌と他界―他界観の分類学を通した仏教人類学的試論―」『宗教研究』77（1）：99-122。
スミス，ロバート・J
　　1974=1996『現代日本の祖先崇拝―文化人類学からのアプローチ』前山　隆（訳），御茶の水書房。
生活衛生法規研究会（監修）
　　2012『新版逐条解説墓地，埋葬等に関する法律（第2版）』第一法規株式会社。
葬送の自由をすすめる会
　　1994『森と水を守る自然葬：「再生の森」をめぐって』社会評論社。
　　2005『自然葬ハンドブック：一家に一冊』凱風社。
高橋　徹
　　1985「後期資本主義社会における新しい社会運動」『思想：特集 新しい社会運動－その理論的射程』737：2-14。
ターナー，ヴィクター

1976『儀礼の過程』冨倉光雄（訳），思索社。
田口宏昭
　　2003「自然葬と現代」『よき死の作法』，高橋隆雄，田口宏昭（編），pp.124-128，九州大学出版会。
高田陽介
　　1986「境内墓地の経営と触穢思想」『日本歴史』456：57-74。
武田史朗
　　2005「英国における自然葬地運動とその制度的枠組の発生および発展プロセス」『ランドスケープ研究』68（5）：809-812。
武田史朗・増田　昇
　　2006「英国の自然埋葬地における景観的枠組の分析」『ランドスケープ研究』69（5）：419-424。
　　2007「英国自然埋葬地における「場所」の図式化」『ランドスケープ研究』70（5）：507-510。
武田晴人
　　2008『高度成長』岩波書店。
竹之内裕文
　　2007「どう死ぬか─現場から考える「宗教」研究」『宗教研究』80（4）：957-958。
田中大介
　　2004a「葬祭産業研究の可能性─社会的傾向としての「死ぬこと」の把握を目指して」『死生学研究』3：306-323。
　　2004b「お葬式，売ります－明治大正期における「葬儀屋さん」の勃興」『超域文化科学紀要』9：165-184。
　　2005「葬儀の産業化：N社のフィールドワークから」『現代人類学のプラクシス：科学技術時代をみる視座』，山下晋司・福島真人（編），pp.168-179，有斐閣。
　　2007「葬儀サービスのイノベーション：現代日本の葬儀産業による文化資源の利用」『資源人類学第2巻　資源化する文化』，山下晋司（編），pp.303-332，弘文堂。
　　2008「葬儀と葬儀社：死ぬこと，はたらくこと」『人類学で世界をみる：医療・生活・政治・経済』，春日直樹（編），pp.95-110，ミネルヴァ書房。
　　2014「葬儀業の仕事にみる専門家のケアとサファリング：死と葬儀をめぐる職業的機制の観察から」『苦悩することの希望：専門家のサファリングの人類学』，浮ヶ谷幸代（編），pp.195-226，協同医書。
田中雅一，松田素二（編）
　　2006『ミクロ人類学の実践－エイジェンシー／ネットワーク／身体』世界思想社。
田辺繁治
　　2002「再帰的人類学における実践の概念：ブルデューのハビトゥスをめぐり，その彼方へ」『国立民族学博物館研究報告』26（4）：533-573。
　　2003『生き方の人類学－実践とは何か』講談社。
田辺繁治，松田素二（編）

2002『日常的実践のエスノグラフィ―語り・コミュニティ・アイデンティティ』世界思想社。
圭室諦成
　　1979「葬式と仏事」『葬送墓制研究集成第3巻：先祖供養』，竹田聴洲（編），pp.66-92，名著出版。
　　1983『葬式仏教』大法輪閣。
陳　大哲
　　1996「在日韓国・朝鮮人の祖先祭祀における文化変容―理想的祭祀と現実祭祀の事例を通して」『民族学研究』60（4）：342-353。
中筋由起子
　　2006『死の文化の比較社会学―「わたしの死」の成立』梓出版社。
中野　卓，桜井　厚
　　1995『ライフヒストリーの社会学』弘文堂。
中牧弘允
　　1992『むかし大名，いま会社』淡交社。
　　1999『社葬の経営人類学』東方出版。
中村生雄
　　2006「＜死＞とどのように向き合うか」『思想の身体：死の巻』，中村生雄（編），pp.3-63，春秋社。
　　2008a「死生観研究の現代的課題と「供養の文化」論の可能性（第一部会，＜特集＞第六十六回学術大会紀要）」『宗教研究』81（4）：945-946。
　　2008b「現代の問題としての自然葬」『自然葬と世界の宗教』葬送の自由をすすめる会（編），pp.194-224，凱風社。
波平恵美子
　　1990『病と死の文化』朝日新聞社。
　　1992『ケガレの構造』青土社。
　　1996『いのちの文化人類学』新潮社。
長谷千代子
　　2002「中国における近代の表象と日常的実践：徳宏タイ族の葬送慣習改革をめぐって」『民族学研究』67（1）：1-20。
原田信夫
　　1993『歴史のなかの米と肉―食物と天皇・差別』平凡社。
樊　秀麗
　　2000「中国イ族の死生観と民族アイデンティティの形成」『民族学研究』65（2）：146-167。
碑文谷創
　　2000「現代葬儀考：葬送文化の継承と創造」『SOGI』57：118，表現文化社。
　　2003『死に方を忘れた日本人』大東出版社。
福田アジオ

1988「政治と民俗―民俗学の反省」『日本民俗の伝統と創造』，桜井徳太郎（編），
　　　pp.23-39，弘文堂。
　　2004『寺・墓・先祖の民俗学』大河書房。
　　2005「寺檀関係」新谷尚紀・関沢まゆみ編『民俗小事典　死と葬送』：115-116，吉
　　　川弘文館。
藤井正雄
　　1988『骨のフォークロア』弘文堂。
　　1993「現代の墓地問題とその背景」『家族と墓』，藤井正雄，義江彰夫，孝本　貢（編），
　　　pp.6-24，早稲田大学出版部。
　　1995「散骨と環境保護規制（宗教と自然＜特集＞）」『宗教研究』69（1）：211-233。
　　2000『死と骨の習俗』双葉社。
藤澤典彦
　　2007「中世における火葬受容の背景」『墓と葬送の中世』，狭川真一（編），pp.179-
　　　196，高志書院。
ブロック，モーリス
　　1994『祝福から暴力へ』田辺繁治，秋津元輝（訳），法政大学出版局。
本田　洋
　　1993「墓を媒介とした祖先の＜追慕＞―韓国南西部一農村におけるサンイル事例か
　　　ら」『民族学研究』58（2）：142-169。
前田俊一郎
　　1996「両墓制の誕生とその後：明治期に成立した両墓性を考える」『常民文化』19：
　　　1-32。
　　1998「近代の神葬祭化と葬墓制の変容」『近代庶民生活の展開：くにの政策と民俗』，
　　　松崎憲三（編），pp.92-124，三一書房。
　　2010『墓制の民俗学―死者儀礼の近代』岩田書院。
槙村久子
　　1996『お墓と家族』朱鷺書房。
　　2005「墓・墓地の共同化，無形化，有期限化への動向と背景－合祀墓への過渡的形
　　　態と樹木葬墓地の事例研究から」『研究紀要』18：239-254。
待井扶美子
　　2000「研究ノート日本のキリスト教会における死者への対応」『宗教と社会』6：61-
　　　73。
宮家　準
　　1974『日本宗教の構造』慶応通信。
　　2007「死者と生者の接点：民俗宗教の視点から（死者と生者の接点，＜特集＞第
　　　六十五回学術大会紀要）」『宗教研究』80（4）：815-836。
村上興匡
　　1990「大正期東京における葬送儀礼の変化と近代化」『宗教研究』64（1）：37-61。
　　2001「近代葬祭業の成立と葬儀慣習の変遷」『国立歴史民俗博物館研究報告』91：

137-150。
 2003「葬祭の個人化と意識の変容―各種アンケート調査をもとにして―」『死生学研究』1：362-341。
 2005「都市葬祭業の展開と葬儀意識の変化」『東京大学宗教学年報』23：9-22。
村上重良
 1970『国家神道』岩波書店。
メトカーフ，ピーター，ハンティントン，リチャード
 1996『死の儀礼―葬送習俗の人類学的研究』池上良正，池上富美子（訳），未来社。
森岡清美
 1992「日本家族の現代的変動」『家族社会学研究』4：1-10。
森　謙二
 1993『墓と葬送の社会史』講談社。
 1998『墓地に関する意識調査』平成9年度厚生科学研究厚生科学特別研究事業調査。
 2000『墓と葬送の現在：祖先祭祀から葬送の自由へ』東京堂出版。
 2014『墓と葬送の社会史』吉川弘文館。
山口　定
 2004『市民社会論―歴史的遺産と新展開』有斐閣。
安田睦彦
 1981「足尾鉱毒と国有林被害―放棄されていた損害補償請求」『公害研究』11（1）：58-64。
 1992『お墓がないと死ねませんか』岩波書店。
 2008「市民運動としての自然葬」『自然葬と世界の宗教』葬送の自由をすすめる会（編），pp.226-249，凱風社。
山折哲雄
 2002『死の民俗学：日本人の死生観と葬送儀礼』岩波書店。
山折哲雄，安田睦彦，葬送の自由をすすめる会（編）
 2000『葬送の自由と自然葬：うみ・やま・そらへ還る旅』凱風社。
山崎克巳
 1993「一の谷中世墳墓群遺跡とその周辺」『中世社会と墳墓―考古学と中世史研究』3，石井　進（編）萩原三雄（編），pp.7-37，高志書院。
山田慎也
 1995「葬制の変化と地域社会―和歌山県東牟婁郡古座町の事例を通して―」『日本民俗学』203：23-59。
 1996「死を受容させるもの―輿から祭壇へ―」『日本民俗学』207：29-57。
 1999「葬祭業者を利用することとは―互助から契約へ」『講座人間と環境（九）死後の環境―他界への準備と墓』，新谷尚紀（編），pp.100-125，昭和堂。
 2001「死をどう位置づけるのか－葬儀祭壇の変化に関する一考察」『国立歴史民俗博物館研究報告』91：119-136。
 2006「日本における葬制研究の展開―近代化による変容を中心に―」『社会学年報』

    32：165-180。
    2007『現代日本の死と葬儀−葬祭業の展開と死生観の変容』東京大学出版部。
山本質素
    1998「位牌祭祀からみた『家』観念と先祖観」『近代庶民生活の展開：くにの政策と民俗』，松崎憲三（編），pp.125-150，三一書房。
吉井敏幸
    1993a「大和地方における惣墓の実態と変遷」『中世社会と墳墓—考古学と中世史研究』3，石井　進（編）萩原三雄（編），pp.101-132，名著出版。
    1993b「中世群集墓遺跡からみた惣墓の成立」『国立歴史民俗博物館研究報告』49：133-156。
吉見俊哉
    2009『ポスト戦後社会』岩波書店。
吉見由起子
    2006「樹木葬：再生しようとする或は回帰しようとする自然」『文化／批評』冬季号：277-360。

Bell, Catherine
    1992 *Ritual Theory, Ritual Practice*. Oxford University Press.
Bloch, M. and Parry, J.
    1982 *Death and the Regeneration of Life*. Cambridge University Press.
Boret, S.
    2014 *Japanese Tree Burial: Ecology, Kinship and the Culture of Death*. Routledge.
Clayden, A. and Dixon, K.
    2007 Woodland Burial: Memorial Arboretum Versus Natural Native Woodland? *Mortality* 12(3): 240-260.
Clayden, A.,Green, T.,Hockey, J., and Powell, M.
    2014 *Natural Burial: Landscape, Practice and Experience*. Routledge.
Francis, D., Kellanher, L. and Neophytou, G.
    2005 *The Secret Cemetery*. Berg.
Gittings, C., Walter, T.
    2010 Rest in Peace? Burial on Private Land. In *New Space for Death, Dying and Bereavement*. Maddrell, A. and Sidway, J. (eds.),pp.1-23. Ashgate.
Hockey, J., Kellaher, L. and Prendergast, D.
    2007a Of Grief and Well-being: Competing Conceptions of Restorative Ritualization. *Anthropology and Medicine* 14(1): 1-14.
    2007b Sustaining Kinship: Ritualization and the Disposal of human ashes in the United Kingdom. In *Remember me: Constructing Immortality*. Mitchell, M. (eds.). Routledge.
Kawano, S.

2004 Scattering Ashes of the Family Dead: Memorial Activity among the Bereaved in Contemporary Japan. *Ethnology* 43(3): 233-248.
　　2010 *Nature's Embrace: Japan's Aging Urbanites and New Death Rites*. Hawaii University.
Prendergast, D., Hockey, J. and Kellaher, L.
　　2006 Blowing in the Wind? Identity, Materiality, and the Destinations of Human Ashes. *Jnl of the Royal Anthropological Institute* 12(4): 81-98.
Rowe, M.
　　2003 Grave Changes: Scattering Ashes in Contemporary Japan. *Japanese Journal of Religious Studies* 30(1-2) : 85-118.
Schama, S.
　　1995 *Landscape and Memory*. Harper Collins.
Suzuki, H.
　　2002 *The Price of Death: The Funeral Industry in Contemporary Japan*. Stanford University Press.
Suzuki, H.(ed.)
　　2012 *Death and Dying in Contemporary Japan*. Routledge.
Walter, T. and Gittings, C.
　　2010 What Will the Neighbours Say? Reactions to Field and Garden Burial. In *The Matter of Death: Space, Place and Materiality*. Hokey, J, Komaromy C. and Woodthorpe K. (eds.),pp.165-177. Palgrave Macmillan.

박정식（パク・ジョンシック）
　　2002「장례사의업무와죽음에대한태도：광주지역장례사를중심으로」(「葬儀ディレクターの業務と死に対する態度：広州地域の葬儀ディレクターを中心に」)『보건과사회과학』12：173-199。
　　2003「도시지역의장례공간과장례방식에대한사례연구：광주지역을중심으로」(「都市地域の葬礼空間と葬礼方式に関する事例研究：広州地域を中心に」)『비교민속학』25：565-589。
사단법인한국장묘문화개혁범국민협의회（社団法人韓国葬墓文化改革凡国民協議会）
　　2009『장묘문화개혁운동 10 년』（葬墓文化改革運動 10 年）
송현동（ソン・ヒョンドン）
　　2004a「리뷰논문：한국장례연구의경향과과제」(「レビュー論文：韓国葬礼研究の傾向と課題」)『한국문화인류학』37（2）：90-113。
　　2004b「의례와사회변화：장례식장을중심으로」(「儀礼と社会変化：葬儀場を中心に」)『종교연구』35：313-338。
　　2005「연구논문：한국사회의죽음에대한태도：죽음의경관을중심으로」(「研究ノート：韓国社会の死に対する態度：死の景観を中心に」)『비교문화연구』11（2）：207-243。

임재해
　1995「장례관련놀이의반의례적성격과성의생명상징」(「葬礼関連遊びの反儀礼的性格と性の生命象徴」)『비교민속학』12: 265-318。
한경구，박경립
　1998「한국인의죽음의공간에대한건축인류학적고찰」(「韓国人の死の空間に対する建築人類学的考察」)『한국인류학의성과와전망』서울대학교인류학연구회 (편), 집문당 775-808。

　1997a「お墓大討論会」『季刊　仏教』38: 3-111, 法蔵館書店。
　1997b「『葬送の自由をすすめる会』資料」『季刊　仏教』38: 122-124, 法蔵館書店。
　2005「ワンショットリポート葬送の風景北海道長沼町の「散骨規制条例」条例は『葬送の自由』を完全に否定するもの廃止を求める請願を町に提出─憲法違反と '葬送の自由をすすめる会'」『仏事』2005 (6): 60-62。

(一次資料)

国立社会保障・人口問題研究所
　1996『現代日本の世帯変動 (1994 年人口基本問題調査): 世帯動態調査』厚生統計協会。
厚生労働省厚生関係審議会議事録等 HP 内: 第 6 回「これからの墓地等の在り方を考える懇談会」議事要旨 (www1.mhlw.go.jp/shingi/s1023-1.html)
総理府内閣府政府広報室
　1990『墓地に関する世論調査』総理府。
内閣府
　2004『少子化社会白書〈平成 16 年度版〉』ぎょうせい。
葬送の自由をすすめる会　会報
　『葬送の自由』第 0 号 1991 年 3 月
　『再生』第 2 号 1991 年 9 月
　『再生』第 4 号 1992 年 3 月
　『再生』第 5 号 1992 年 6 月
　『再生』第 6 号 1992 年 9 月
　『再生』第 16 号 1995 年 3 月
　『再生』第 19 号 1995 年 12 月
　『再生』第 24 号 1997 年 3 月
　『再生』第 26 号 1997 年 9 月
　『再生』第 27 号 1997 年 12 月
　『再生』第 28 号 1998 年 3 月
　『再生』第 29 号 1998 年 6 月
　『再生』第 31 号 1998 年 12 月

『再生』第 42 号 2001 年 9 月
『再生』第 44 号 2002 年 3 月
『再生』第 45 号 2002 年 6 月
『再生』第 57 号 2005 年 6 月
『再生』第 58 号 2005 年 9 月
『再生』第 62 号 2006 年 9 月
『再生』第 68 号 2008 年 3 月
『再生』第 69 号 2008 年 6 月
『再生』第 70 号 2008 年 9 月
『再生：第 71 号 2008 年 12 月
『再生』第 73 号 2009 年 6 月
『再生』第 74 号 2009 年 9 月
『再生』第 78 号 2010 年 9 月
『再生』第 79 号 2010 年 12 月
『再生』第 80 号 2011 年 3 月
『再生』第 82 号 2011 年 9 月
『再生』第 83 号 2011 年 12 月
『再生』第 85 号 2012 年 6 月
『再生』第 87 号 2012 年 12 月
『そうそう』第 2 号 2013 年 12 月
『そうそう』第 4 号 2104 年 6 月
葬送の自由をすすめる会 HP（www. soso-japan.org/）

索引

I．事項索引

ア 行

「新しい社会運動」……………51~55, 172, 173
新しい葬送儀礼………………4, 14~17, 23, 24, 51, 54, 171~173, 175, 177
家………………………………4, 6~11, 13, 14~17, 27, 28, 30~33, 35~38, 40, 41, 48~56,61, 63~65, 69, 73, 75~86, 90~92, 94~96, 98, 100~103, 106, 112, 116~122, 124~127, 129~131, 137, 138, 142, 144, 145, 150~152, 154, 156~158, 161, 163, 166, 172~175
家制度…………………………9, 14, 63~65, 69, 80, 91, 95,96, 116, 127, 129, 173
遺骨……………………………6~8, 11, 12, 24, 29, 39, 43, 49, 58~66, 68, 69, 72, 83, 87, 94, 95, 97, 99~110, 114, 117, 119~123, 125, 138~145, 167~169, 175, 176, 179
遺灰……………………………4, 6, 18, 24, 27, 29, 37~39, 43, 45~48, 50, 51, 58~65, 68, 69, 79,80, 82, 95~101, 103, 108~114, 121, 130, 133~137, 140, 143, 145, 168, 172, 174, 176, 179~181

カ 行

共同体…………………………3, 4, 6, 10, 14, 16, 18, 54, 171~173, 175
合葬墓…………………………4, 5, 10, 13, 93, 171, 172
告別……………………………10, 19, 57, 66, 69, 94, 97, 99, 102, 103, 130, 132,

134, 136, 144, 145, 174, 176

サ 行

「桜葬」…………………………13
散骨……………………………5, 6, 18, 24, 29, 33~37, 39, 41, 45, 47, 48, 50~52, 58, 59, 61, 63, 65~69, 82, 83, 95~99,101~103, 108, 109, 111, 112, 114, 115, 118, 119, 121, 129~134, 136~145, 148~155, 159, 169, 174, 176, 177, 180, 181
死後の自己決定権……………5, 15, 17, 18, 31~33, 37, 48, 50, 52~54, 64, 65, 91, 92, 95, 96, 101, 103, 116, 127, 156, 160, 166, 167, 170, 172~174, 176
自然葬…………………………4~6, 10, 11, 13, 14, 16~26, 28~32, 35, 36, 38~51, 54, 56~69, 71, 72, 74~77, 79~98, 101~103, 105, 107~128, 130~132, 137~143, 145, 146, 148, 149, 151~163, 166~177
「市民」…………………………54, 172~174, 177
市民運動………………………11, 27, 54, 153~155
社会運動………………………5, 10, 19, 23, 25~27, 30, 51~56, 69, 79, 80, 127, 131, 148, 159, 160, 169, 172, 173
社会関係………………………48, 57, 64, 69, 94~96, 101, 116, 117, 125, 126, 145, 176
樹木葬…………………………4, 5, 10~13, 15, 36,

先祖……………………4, 10, 11, 64, 73, 76, 83, 91, 92, 123, 152, 163

先祖代々の墓……………4, 10, 11, 83, 91, 163

葬儀……………………5~7, 10, 15, 16, 29, 36, 47, 51, 52, 58, 69, 100, 150, 153, 154, 159, 174

葬送基本法……………5, 22, 37, 38, 39, 40, 41, 42, 46, 48, 51, 52, 53, 55, 79, 86, 151, 155, 156, 158, 161, 162, 163, 173

葬送儀礼………………3~6, 10, 13~18, 23, 24, 51~54, 57, 67, 91, 92, 145, 167, 171~178

タ行～ラ行

追悼……………………18, 19, 30, 31, 48, 49, 57, 59, 60, 65, 66, 68, 69, 73, 94~99, 102~104, 107, 63, 79, 119, 171, 172

墓……………………4~14, 16~18, 23, 24, 27~41, 43, 47~53, 56, 61~69, 72~77, 79~97, 101, 102, 108, 110, 112, 114, 115, 117~128, 136, 137, 140, 143, 145, 149, 151, 152, 162, 163, 167, 170~176

墓参り…………………49, 68, 73, 75, 83, 86, 88, 94, 97, 102, 119, 124, 136, 141

粉末化…………………6, 58~62, 65, 69, 95, 96, 99, 100, 103~109, 129, 131, 143, 176, 179

「墓地，埋葬等に関する法律」(「墓埋法」)
……………………5, 6, 24, 29, 33, 52, 53

霊魂……………………7, 16, 19, 49~51, 57, 101~103, 143, 172, 175

114, 127, 132, 136~138, 140, 141, 143~145, 167, 174, 176, 177

Ⅱ．人名・団体名索引

ア 行

青木保……………………176, 177
池田敦子…………………27, 29, 35, 53, 55
井上治代………………10~15, 144
内堀基光……………………4, 17
エルツ，ロベール……15, 19, 57
「エンディングセンター」……11, 13, 22, 23, 30

カ 行

梶山正三………………27, 29, 49, 53, 56
Kawano, S.……………17, 18, 177
薦田哲……………………27~29, 35, 53, 56

サ 行

酒井印作………………27, 28, 168
島田裕巳………………20, 40, 55, 155, 159, 162~170
ジュネップ，アルノルド・ヴァン
……………………………15

新谷尚紀……………………7, 8
鈴木岩弓……………………149
「すすめる会」…………5, 6, 11, 14, 17~24, 26, 27, 31, 33, 36, 37, 39, 46~54, 56, 57, 60, 72, 75, 79, 82, 83, 85, 86, 88, 89, 91~97, 100, 115, 116, 132, 143, 148~159, 161~177
　⇒「葬送の自由をすすめる会」の略称。同会の頁数も見よ
祥雲寺……………………12, 13
「葬送の自由をすすめる会」
……………………3, 5, 20, 26, 31, 33, 57, 62, 148~150, 169

タ 行

高橋徹……………………52, 55
田中大介……………………16
圭室諦成……………………7
知勝院……………………11~14

ナ行・ハ行

中筋由起子…………………………11, 12, 17, 18
中村生雄……………………………20, 41, 42, 45,
　　　　　　　　　　　　　49, 55, 155, 162
ハーバーマス, J.…………………………………52
藤井正雄……………………………………34, 37, 60

マ　行

槙村久子……………………………………………14
村上興匡……………………………5, 10, 16, 171
「もやいの会」………………………11~13, 22, 23, 30
森謙二………………………………8~10, 15, 27, 29,
　　　　　　　　　　　　　31, 32, 35~37, 41, 46~48,
　　　　　　　　　　　　　51, 53, 54, 68, 99, 112,
　　　　　　　　　　　　　113, 116, 149, 161, 162
森田宗一……………………………………27, 32, 53

ヤ行・ラ行

安田睦彦……………………………5, 20, 22, 24, 26
　　　　　　　　　　　　　~30, 35, 38, 47, 49, 50, 52,
　　　　　　　　　　　　　53, 55~57, 62, 64, 73, 87,
　　　　　　　　　　　　　89, 140, 150, 152, 153, 155,
　　　　　　　　　　　　　157, 161~165, 167, 169
山折哲雄……………………………20, 49, 50, 55,
　　　　　　　　　　　　　62, 82, 153
山下晋司……………………………………………4, 17
山田慎也…………………………………………16, 57
Rowe, M.…………………………………………17, 18

あ と が き

　本書は2015年11月に総合研究大学院大学文化科学研究科へ提出し，2016年3月に学位を授与された博士学位論文「日本社会の自然葬に関する民族誌的研究―NPO法人「葬送の自由をすすめる会」を中心に―」を加筆，修正したものである。本書の出版にあたっては2018年度日本学術振興会の科学研究費助成事業・研究成果公開促進費（学術出版）の助成を受けた。また，研究費にあたっては日本学術振興会の特別研究員奨励費，笹川科学研究助成を受けた。ここに記してお礼申し上げる。

　博士学位論文の内容の一部については，下記の通り，章ごとに初出論文がある。

第1章
　김샛별 2018「(정치 이데올로기적 현상으로서의 자연장 : "시스템"을 넘어 (政治イデオロギー的現象としての自然葬：「システム」を超えて)」*Korean Journal of Japanese Studies* 18：162-183（韓国語論文）。

第2章
　金セッピョル 2017「研究ノート：不可視化した葬送儀礼としての自然葬」『宗教と社会』23:111-118。

第3章，第4章
　김샛별 2018「죽음의 경험으로 재구성되는 장례와 가족 : 일본 자연장의 과도기적 의례실천을 중심으로(死の経験で再構成される葬儀と家族：日本における自然葬の過渡期的儀礼実践を中心に)」*Beyond Korea, Beyond Anthropology, Conference Proceedings of the 60th Anniversary International Meeting of the Korean Society*

for Cultural Anthropology（韓国語論文）．

　本書では，自然葬を通して死を変換しようとする人々の試みを描いてきた。そこで最終的に示唆されたのは，自然葬は死者を送る装置として十分に機能していない可能性である。

　ここで一つ疑問が残る。そもそもある時代，ある社会においては，葬送儀礼を通して十分に死を変換できたことがあるのであろうか。筆者はそういう時代と社会で生きた（死んだ）ことがなく，またこのような視点から葬送儀礼を扱った研究も見当たらないため，詳細は不明である。ただ，現場で出会った多くの方々がおっしゃるように，「どのような形であろうと寂しい」ということだけは推察できる。もしかしたら，どのような時空間においても死は葬送儀礼を通してすんなり解決できる現象ではないのかもしれない。あるいは，多くの儀礼論が指摘してきたように，儀礼実践と目的の遂行はより複雑な関係にあって，葬送儀礼が死を変換するものであるという前提自体，人類学者が抱く幻想なのかもしれない。

　しかし一つ明らかなことは，葬送儀礼を考えることは死を受け入れるための不断の努力であるということである。実像がつかめないことを解決しようとする努力に，人間の生そのものが映されているように考える。筆者自身，友人の悲痛な死から葬送儀礼の研究を始めるようになり，「すすめる会」で出会った方々とはこの途方に暮れそうな努力を共有してきた。

　その方々に人生の大事な場面を共にすることを許していただいたおかげで，本書は完成した。他人が立ち入ることが難しい場面に携わらせていただいたことに，心から感謝申し上げたい。このような経験を通して，研究の面だけでなく，人として人を信頼することの大切さを学んだ。さらに「すすめる会」の多くの方々は，来日して間もない留学生である筆者を，長い間にわたって支えてくださった。

あとがき

　本書のもとになる博士学位論文は，中牧弘允先生（国立民族学博物館・総合研究大学院大学，吹田市立博物館，千里文化財団）の暖かくて根気強いご指導のおかげで，難産の末生まれた。筆者が博士後期課程3年目になった頃に退職されたにもかかわらず，論文提出までご指導をしてくださった。また，朝倉敏夫先生（国立民族学博物館・総合研究大学院大学，立命館大学食マネージメント学部）は研究のみならず，「まず人間になるように」と指導してくださる父親のような存在であった。副指導教官を担当してくださった新免光比呂先生（国立民族学博物館）には最後まで詳細に論文を読んでいただき，適切なアドバイスをいただいた。また，博士論文の審査は，出口正之先生，鈴木七海先生（お二方とも国立民族学博物館・総合研究大学院大学），村上興匡先生（大正大学），山田慎也先生（国立歴史民俗博物館・総合研究大学院大学）がお忙しいなか引き受けてくださった。出口先生には修了後も国立民族学博物館の共同研究「会計学と人類学の融合」に共同研究員として加えていただき，お世話になっている。また，山田先生，村上先生には科研基盤(B)「現代日本における死者儀礼のゆくえ―生者と死者の共同性の構築をめざして」（代表：山田慎也）の研究分担者として引き続きお世話になっている。

　さらに小長谷有紀先生（国立民族学博物館教授）には，フィールドに深く携わっていたため見えなかったことを指摘していただき，データを分析する上で有意義な視点を得ることができた。また，現在勤めている総合地球環境学研究所の研究員，中尾世治さんと大澤隆将さんには，所内の文化・社会人類学研究会を通して貴重な意見をいただいた。

　また，総合研究大学院大学の伊藤悟さん，大葉千景さん，窪田暁さん，金桂淵さん，堀田あゆみさん，吉村健司さんをはじめとする先輩の方々，東城義則さん，中川渚さんをはじめとする同期の方々には研究の組み立ての段階から有益な議論を交わし，多くのアイディアをいただくことができた。田村卓也さん，劉征宇さん，荘司一歩さん，井上恭平さんなどの後輩の方々には博士学位論文提出にあたってご助力をいただいた。また，当時の事務方であ

った福永ルリさんには，提出にあたって様々な便宜を図っていただいた。

なお，総合地球環境学研究所事務方の木村葵さん，澤村貴弘さん，増田真帆さんには，科研費の取得や執行にあたって，心のこもったご助力をいただいた。

以上，挙げさせていただいた方々の声援のおかげで本書を完成することができた。心から感謝申し上げたい。

また，原稿の遅れで大変なご迷惑をおかけしたにもかかわらず，最後まで努力を惜しまず取り組んでくださった刀水書房の中村文江さんには，感謝の言葉もない。

最後に，研究者としての道を物心両面で支えてきてくれた母・裵貞佑，父・金津經，夫・三浦裕介をはじめとする家族に感謝を捧げたい。

2019年1月

金セッピョル

《著者紹介》

金セッピョル（きむ せっぴょる）

人間文化研究機構総合情報発信センター特任研究員，総合地球環境学研究所特任助教。総合研究大学院大学文化科学研究科博士後期課程修了，文学博士（2016年）。国立民族学博物館外来研究員などを経て，現職。専門分野は文化人類学，葬送儀礼研究，映像人類学

主な著作に，「정치 이데올로기적 현상으로서의 자연장："시스템"을 넘어（政治イデオロギー的現象としての自然葬：「システム」を超えて）」*Korean Journal of Japanese Studies* 18: 162-183, 2018年。『We Don't Need a Grave』（民族誌映画DVD，27分）Royal Anthropological Institute, 2014年。「自然葬の誕生——近代日本的価値の拒否——」『総研大文化科学研究』8：177-293，2013年

現代日本における自然葬の民族誌
───────────────

2019年2月27日　初版1刷発行

著者　金セッピョル

発行者　中村文江

発行所　株式会社　刀水書房
〒101-0065　東京都千代田区西神田2-4-1　東方学会本館
TEL 03-3261-6190　FAX 3261-2234　振替　00110-9-75805
組版　株式会社富士デザイン
印刷　亜細亜印刷株式会社
製本　株式会社ブロケード

Ⓒ2019　Tosui Shobo, Tokyo　ISBN978-4-88708-449-0　C3014

本書のコピー，スキャン，デジタル化等の無断複製は著作権法上での例外を除き禁じ
られています。本書を代行業者等の第三者に依頼してスキャンやデジタル化すること
は，たとえ個人や家庭内での利用であっても著作権法上認められておりません。